科技赋能

南京城墙本体砖文信息采集与研究

南京城墙保护管理中心　编

南京出版传媒集团　南京出版社

图书在版编目（CIP）数据

科技赋能：南京城墙本体砖文信息采集与研究 / 南京城墙保护管理中心编. -- 南京：南京出版社，2023.12

ISBN 978-7-5533-4549-9

Ⅰ. ①科… Ⅱ. ①南… Ⅲ. ①古砖－汉字－研究－南京－明清时代 Ⅳ. ①K877.94

中国国家版本馆CIP数据核字（2023）第239048号

书　　名　科技赋能——南京城墙本体砖文信息采集与研究
作　　者　南京城墙保护管理中心
出版发行　南京出版传媒集团
　　　　　南 京 出 版 社

社址：南京市太平门街53号　　邮编：210016
网址：http://www.njcbs.cn　　电子信箱：njcbs1988@163.com
联系电话：025-83283893、83283864（营销）　025-83112257（编务）

出 版 人　项晓宁
出 品 人　卢海鸣
责任编辑　徐　智
装帧设计　赵海玥
责任印制　杨福彬

排　　版　南京新华丰制版有限公司
印　　刷　南京凯德印刷有限公司
开　　本　787 毫米 × 1092 毫米　1/16
印　　张　14.75
字　　数　218千
版　　次　2023年12月第 1 版
印　　次　2023年12月第 1 次印刷
书　　号　ISBN 978-7-5533-4549-9
定　　价　128.00 元

用微信或京东APP扫码购书

用淘宝APP扫码购书

编委会

目录

前 言

“文物承载灿烂文明，传承历史文化，维系民族精神，是老祖宗留给我们的宝贵遗产，是加强社会主义精神文明建设的深厚滋养，保护文物功在当代、利在千秋。”党的十八大以来，习近平总书记对文化遗产保护高度重视，多次对文物工作作出重要指示，指出“要运用科学技术提供的新手段新工具，提高考古工作发现和分析能力，提高历史文化遗产保护能力”。

南京城墙是中华民族的智慧结晶和文化瑰宝，是不可再生、不可替代的中华优秀文化遗产。20世纪以来，随着南京城墙知名度和美誉度的不断提升，社会各界对南京城墙保护、管理和利用也提出更高的要求。为了最大限度地保存南京城墙珍贵历史文化信息，为南京城墙的保护、管理、修缮、研究和“申遗”提供数字档案支持，抢救性采集日渐风化、消失的南京城墙本体砖文信息已经成为刻不容缓的任务。

文物数字化采集是实现文化遗产永久性保存的可靠手段，即利用数字化的手段对文物所蕴含的信息进行记录、建档，从而实现文化遗产的“永生”。现存25.091千米的南京明城墙，是世界最长、规模最大、保存原真性最好的古代城垣，距今已有650多年历史，是古都南京极为重要的一张城市名片。2006年和2012年，南京城墙先后两次被国家文物局列入《中国世界文化遗产预备名单》，南京也于2014年被确定为“中国明清城墙”联合申遗牵头城市。为提升南京城墙遗产保护管理和阐释展示水平，更为系统、精细地留存南京城墙遗产的基础信息，推进以南京城墙为代表的“中国明清城墙”联合申报世界文化遗产，有必要利用数字化手段更为科学、全面、完整地记录南京城墙遗产信息。

2018年，南京城墙保护管理中心与国信司南（北京）地理信息技术有限公司合作，启动“南京城墙本体砖文信息采集”项目，该项目历时三年，分三期实施。2018年，完成约1.7千米城墙铭文砖的采集工作；2019年，完成约7.4千米城墙铭文砖的采集工作；2020年，完成约16千米城墙铭文砖的采集工作。在历时三年的采集中，工作人员借助当前先进的GPS定位、无人机倾斜摄影、三维激光扫描等技术手段，采集了南京城墙本体上17万余块清晰铭文砖的空间地理坐标位置、高清晰图片等信息，并通过对城砖信息的整理与释读，最终形成铭文城砖数字化成果。“南京城墙本体砖文信息采集”项目的开展实现了对南京城墙本体铭文城砖信息的抢救性保护与永久性保存，是国内现代科技手段在文化遗产保护领域的创新应用，具有重要的开拓性和示范性。

2022年，全国文物工作会议确立“保护第一、加强管理、挖掘价值、有效利用、让文物活起来”的新时代文物工作方针。“南京城墙本体砖文信息采集”项目成果对于讲好文物故事，展示南京乃至中国形象，传承中华文化使命，彰显中华文化魅力，弘扬中华文化精神，推进文化自信自强，促进文明交流互鉴，具有重要的现实意义和深远的历史意义。

第一章
项目概况

第一节 项目实施背景

明代南京城从里至外由宫城、皇城、京城和外郭四重城垣组成，如今俗称的“南京城墙”指的是京城城墙。南京城墙建于1366—1393年，全长35.267千米，目前依然保留25.091千米，为世界上现存最长的都城城墙，对于研究中国古代社会的城市建设、军事防御和建筑艺术等，具有极其重要的价值。改革开放以来，南京城墙以其独一无二的历史、文化、科技和艺术价值受到越来越多的关注。1988年，南京城墙被列为全国重点文物保护单位。2006年，南京城墙（江苏）与西安城墙（陕西）、荆州城墙（湖北）、兴城城墙（辽宁）一起组成“中国明清城墙”联合申遗项目，被列入《中国世界文化遗产预备名单》。2012年，襄阳城墙（湖北）、临海城墙（浙江）、寿县城墙（安徽）、凤阳城墙（安徽）也陆续申请加入，“中国明清城墙”联合申遗项目再次被列入《中国世界文化遗产预备名单》。其后，正定城墙（河北）、宣化城墙（河北）、长汀城墙（福建）、开封城墙（河南）、肇庆城墙（广东）、歙县城墙（安徽）陆续加入申遗队伍，申遗模式成为8+6组成的“中国明清城墙联合体”。它们作为中国明清时期都城、府城、州城、县城和卫所城等不同级别城市的代表，体现了中央集权下，不同级别的城市在长度、规模、墙体体量等方面所遵循的尊卑有序的原则。

城砖铭文是南京城墙具有特色的历史文化资源，在数以亿计的南京城墙砖中，绝大多数都有铭文。南京城墙本体砖文作为陈列在广阔大地上的文化

图1–1　南京城墙（京城城墙）示意图

遗产和尚未入藏博物馆的珍贵历史资料，其蕴含的历史文化信息十分丰富，包括城砖的烧造产地、烧造时间，还有各级提调官、窑匠、造砖人夫等相关责任人的信息，无疑是研究元末明初政治、经济、文化和社会状况的第一手资料。此外，铭文城砖字体有楷书、行书、草书、篆书、隶书，五体俱备，反映了明初书法的整体艺术成就。

目前南京城墙保护管理中心收藏的各类铭文城砖接近2000块，其中有五省砖、工部砖、军队卫所砖、寺庙砖、纪年砖、吉语砖、错版砖等多种类型。这些珍藏在博物馆内的铭文城砖仅仅是数量巨大的南京城墙铭文砖中极小的一部分，用“沧海一粟”来形容毫不为过。而绝大多数的铭文城砖至今仍分布在南京城墙本体上，等待人们去探索、发现和研究。

650多年来，由于战争和自然因素的损毁，南京城墙上的铭文城砖宛若饱经沧桑的老人，破损与风化现象比比皆是，许多珍贵的铭文城砖漶漫不清，逐渐消失，亟待采集与保护。

自南京城墙联合申请加入世界文化遗产以来，如何真实、完整地保存城墙遗产信息成为新的挑战，特别是在南京城墙博物馆正式对外开放后，社会大众更是对南京城墙历史文化的信息共享和有效利用提出更高的要求。数字技术的应用为解决这一难题提供了方法。在满足《保护世界文化和自然遗产公约》及《实施〈世界遗产公约〉操作指南》的要求下，南京城墙保护管理中心与国信司南（北京）地理信息技术有限公司合作，利用三年时间，共同完成了对南京城墙本体砖文信息的采集保护工作，在对城墙本体清晰铭文城砖进行查找定位、拍照和铭文释读的基础上，按一定的标准以数字化的形式进行存储，最终形成了可供查询利用的城砖铭文数字化资料库，实现了对南京城墙本体砖文信息的抢救性保护与永久性保存。

第二节　项目实施依据

文物数字化采集是文化遗产保护的重要手段，也是文化遗产信息永久保存的重要途径之一。现存25.091千米的南京城墙，是世界最长、规模最大、保存原真性最好的古代城垣，距今已有650多年历史，是古都南京极为重要的一张城市名片。为了提升南京城墙遗产保护、管理、阐释、展示水平，更为系统、精细地留存南京城墙遗产的基础信息，发挥好博物馆保护、传承、研

图1-2　南京城墙导览图

究、展示等重要作用，守护好中华文脉，扩大南京城墙影响力，有必要利用最先进的科技手段对南京城墙进行科学、系统的调查，并全面完整地保存南京城墙的遗产信息。

第三节　项目实施计划

本项目实施计划是针对南京城墙保存相对完整的全部段落开展铭文采集工作，采集长度约25千米。工作内容包括清晰铭文城砖的查找、定位、拍摄等多个方面。因城砖采集工作量巨大，需要较长的周期才能完成，因此，南京城墙保护管理中心根据国信司南（北京）地理信息技术有限公司的建议，将整个项目分为三期进行。整体实施计划如图1-3所示。

图1-3 项目实施计划图

一、项目一期

为了深入挖掘中国传统文化中丰富的历史内涵和精髓，2018年，南京城墙保护管理中心正式启动“南京城墙本体砖文信息采集”项目一期工作，具体承担这项工作的是国信司南（北京）地理信息技术有限公司。项目一期作为试点阶段，在制定工作计划及方案设计的同时，对整个项目做出了具体的时间和资源安排，为后续工作奠定了基础。

项目一期选择保存较好的解放门至太平门段城墙开展采集工作，城墙采集长度1.7千米，采集范围如图1-4所示。

这段城墙位于南京城墙东北段，呈东西走向，西起解放门，东至太平门。城墙内有鸡笼山、九华山，城墙外临玄武湖，山水城林融为一体。

解放门位于鸡鸣寺后北侧，北向，是一座单孔券门。20世纪50年代初，因美国对华采取敌对政策，南京市委、市政府出于防空疏散人口需要，于1951年1月动工拆除一个“V”形缺口后建造城门，至1952年6月竣工。该城门兼具便利交通的功能。

太平门位于玄武湖东南角，北向，毗邻钟山。建于明洪武年间，是一座单孔券门。1911年，徐绍桢指挥江浙联军首先从这座城门进入南京，宣告南京光复，为孙中山在南京建立中华民国临时政府奠定了基础。1928年更名为自由门。20世纪50年代被拆除，2014年在旧址上复建成三孔券门。

图1-4　项目一期范围图

二、项目二期

在项目一期工作顺利推进的基础上，2019年，南京城墙保护管理中心继续与国信司南（北京）地理信息技术有限公司合作，开展“南京城墙本体砖文信息采集”项目二期工作，采集长度约7.4千米。在项目二期工作实施过程中，进一步细化了项目实施方案，优化了技术路线，南京城墙本体砖文信息采集工作得到了全面开展和全方位保障。

图1-5　项目二期采集段落图

项目二期城墙本体砖文信息采集范围涉及城墙三处段落，依次为神策门至解放门段、太平门至中山门段、中山门至光华东街段。具体范围如下。

（一）神策门至解放门段

神策门（即和平门）至解放门段城墙采集长度约2.6千米，采集范围如图1-6所示。

图1-6　神策门至解放门段城墙范围图

这段城墙位于南京城墙东北段，呈南北走向，北起神策门，南至解放门。城墙外临玄武湖，构成了南京城东北的防御体系。

神策门修筑于明洪武初年，建有外瓮城一座，有两个门洞，与主城门屈曲而开，为南京城墙十三座城门中所独有。神策门位于中央门立交桥东南角，玄武湖的西北角，临近今龙蟠路。不远处是幕府山和长江，在军事上占有极其重要的地位。传说此门乃是明初刘伯温的神来之笔，故名“神策”。但事实上，其名源于明代驻扎此门的精锐禁军“神策卫”。清朝顺治年间，为了庆贺打败郑成功，顺治皇帝曾下令将神策门更名为“得胜门”。尽管清朝政府将神策门改名为得胜门，但南京的官方和民间仍习惯称之为“神策门”。神策门现存的城楼修建于清光绪十八年（1892），是清代重建的城楼中唯一留存至今的。神策门主城门的两扇清代大门，是南京明城墙仅存的大门，堪称“古董级”的大门。1927年国民政府定都南京后，认为神策门带有封建迷信色彩，次年下令将神策门改名为“和平门”。1929年4月，南京特别市市长刘纪文亲自函请立法院院长胡汉民书写城门匾额，至今石质匾额犹存。

这段城墙上另一座重要的城门是玄武门。玄武门坐东面西，原名丰润门，开筑于清宣统元年。1928年，因临近玄武湖，改名为玄武门。“玄武门”的匾额为司法院院长蔡元培题写。1934年9月至11月，在丰润门旧址上进行改建，将原来的单孔券门改建为中间一孔大、两侧两孔小的三孔券门。如今，玄武门与解放门、后湖小门一样，是前往玄武湖游览的主要通道。

（二）太平门至中山门段

太平门至中山门段城墙采集长度约3千米，采集范围如图1-7所示。

图1-7　太平门至中山门段城墙范围图

这段城墙位于南京城墙东段，基本呈西北—东南走向，北起太平门，南至中山门。部分墙体沿富贵山分布，城外有琵琶湖和前湖。

中山门的前身是明洪武初年建成的朝阳门，原是一座单孔券门，因靠近皇宫，且方位朝东，故定名为“朝阳”。1927年4月国民政府定都南京后，认为南京城门名称大多带有封建思想和神秘色彩，不符合时代潮流，决定更改城门名称。1928年夏天，朝阳门更名为中山门。中山门匾额由行政院院长谭延闿书写。1931年7月，为了迎接拟于当年10月在南京东郊中央体育场举行的第五届全国运动会，南京市工务局将原来的单孔券门改建为三孔券门。

（三）中山门至光华东街段

中山门至光华东街段城墙采集长度约1.8千米，采集范围如图1-8所示。

这段城墙位于南京城墙东段，呈南北走向，北起中山门，南至光华东街。这段城墙上，有当代修建的标营门、蓝旗街通道和光华门通道，便利了城内外交通。城外有月牙湖公园，是市民休闲娱乐的场所。

图1-8　中山门至光华东街段城墙范围图

三、项目三期

2020年，南京城墙保护管理中心与国信司南（北京）地理信息技术有限公司合作，继续开展“南京城墙本体砖文信息采集”项目三期工作，采集范围为项目一期、二期剩余城墙段落。主要针对东水关至集庆门段、清凉门至石头城段、定淮门至狮子山东侧、石城门，以及南京明故宫午门、东华门、

图1-9 项目三期采集段落图

西安门遗址。由于一期太平门段在维修，将剩余的200米城墙段落放在三期一同采集，因此采集城墙段落长度共约16千米。具体采集范围如下。

（一）东水关至集庆门段

东水关至集庆门段采集长度约6千米，采集范围如图1-10所示。

图1-10　东水关至集庆门段城墙范围图

这段城墙位于南京城墙南段，呈“U”字形，东起东水关，西至集庆门。

东水关位于内秦淮河入城处，以五代上水门为基础拓建而成，临近通济门，故又称通济门水关、上水关、水关洞、通济水关。其内侧设有33座瓮洞，分为三层，上面两层为藏兵洞，下层（中洞可通船）通水；而与之对应的西水关设有22座瓮洞，分为上下两层，上层为藏兵洞，下层（中洞可通船）通水，今已不存。东、西水关兼具军事防御与水利功能，可以保持内秦淮河水位高度，并为内秦淮河补充新水源，保障水质。

聚宝门是明代南京的正南门，地处南京城南交通咽喉，前临外秦淮河，后依内秦淮河。聚宝门有三座内瓮城，平面呈长方形，是这段城墙上最具标志性的城门。1927年国民政府定都南京，次年，认为聚宝门带有封建迷信色彩，改名中华门，由蒋介石题写城门匾额。如今，聚宝门城门及内瓮城砖石结构仍基本保存完好，是明代十三座京城城门中保存最完好、规模最宏伟、设计最精巧、结构最复杂的一座。

这段城墙还有民国时期修建的武定门、雨花门、中华东门、中华西门和现代修建的集庆门、长干门。

武定门建于1934年。武定门建成后，东面的护城河上始终未建桥梁，导致该门在沟通城内外交通上无法发挥作用。20世纪50年代，城门被拆除。2007年恢复重建，改为三孔券门。

雨花门位于南京城墙东南角，介于中华门与武定门之间。门向朝南，为单孔券门。1935年5月，随着宁芜段江南铁路竣工通车，为了使南京市内小火车出城后与江南铁路连接起来，1936年3月，南京市工务局在门东石观音庙抵城墙处开辟城门。因该城门临近雨花台，故名雨花门。该城门于20世纪50年代被拆除。2012年在旧址上复建三孔券门。

1933年，因中华门内外人烟稠密，进出人数较别门尤多，为方便行人往来，缓解交通压力，南京市工务局在中华门东、西两侧增辟城门各一座，分别命名为中华东门和中华西门，从而避免了聚宝门遭到拆除的厄运。

集庆门位于今集庆门大街东端、外秦淮河东侧。1990年，出于城市建设和交通需要，南京市决定开辟集庆路出城通道，并请东南大学潘谷西教授设计。1991年拆除部分城墙，修建此城门。集庆门通道西向，采用过梁式风格，是一座四孔方形城门，外部用条石、城砖砌筑，在保持南京城墙原有风貌的同时，以与明代城门相区别。

长干门位于中华门与集庆门之间，因其临近古长干里得名，开辟于2008年。长干门跨越城市干道，为满足现代城市交通需求，由一个主门和四个边门组成，这种形制在南京城门中前所未有。

这段城墙将南京的老城南包含其内，历史上这里一直是繁荣的商市区。城墙内有白鹭洲公园、门东门西、瞻园、愚园、夫子庙—秦淮河风光带；城墙外是外秦淮河，有长干古城（越城）、大报恩寺、雨花台、1865文化创意产业园等。

（二）清凉门至石头城段

清凉门至石头城段城墙采集长度约2千米，采集范围如图1-11所示。

这段城墙位于南京城墙西段，呈东南—西北走向，南起清凉门，北至石头城。城墙依清凉山而建，外临外秦淮河。

清凉门又名清江门，位于南京城西石头城侧，倚山临河，建成于明洪武年间。据明末清初顾炎武《建康古今记》记载：“（洪武）十二年三月，改清凉门为清江门。”清凉门有一道瓮城，瓮城建在城内，平面呈长方形。清凉门现已成为石头城公园南部的重要景观。

图1-11　清凉门至石头城段城墙范围图

石头城建于孙吴时期，至东晋时修建砖墙，成为都城建康周围卫星城中规模最大、最为重要的城池。元末明初，朱元璋利用山体作为城墙基础，将石头城包括其中，成为南京明城墙的一部分。

这段城墙中，还有著名的石城门，又名旱西门、汉西门，是明代京城十三座城门之一，位于今汉西门大街与石鼓路交会处东侧。明洪武初年，石城门由南唐的大西门改筑而成，由两座瓮城、三道拱门组成。瓮城建在城内，平面呈船形。因在城门可遥望石头城，故定名为石城门。明清两代，石城门是南京城西的一个重要通道，商业繁荣，舟楫往来，是南京城内外通商的重要码头之一。如今，石城门是汉中门广场的一部分，城门及东侧、南侧的部分瓮城墙体保存完好，为市民提供了休闲观光的场所。

如今，这段城墙是南京城西的重要景观，沿城墙分布的清凉山公园、石头城公园、国防园等，也是市民休闲娱乐的场所。

（三）定淮门至狮子山东侧段等剩余城墙段落，以及南京明故宫午门、东华门、西安门等城门遗址

定淮门至狮子山东侧段城墙采集长度8千米，采集范围如图1-12所示。

这段城墙位于城西北，呈南北走向，南起定淮门，北经挹江门，至狮子山东段。城墙依山川地势而建，主要为包山墙，南段沿马鞍山修建，北段将狮子山包含其内，西北临近长江。

定淮门原名马鞍门，位于南京城西北面，因临近城内马鞍山而得名。城门修建于明洪武初年，是一座单孔券门。洪武六年（1373），因城门临近外秦淮河，改名为定淮门，寓安定秦淮河之意。现已无存。该城门在明代是通往龙江船厂的要道。

挹江门位于定淮门与仪凤门（今兴中门）之间，是南京城区通往下关车站、浦口车站、中山码头的交通要道。挹江门前身是江苏省民政长（相当于现在的省长）韩国钧于1915年开凿的单孔券门海陵门。1928年，为迎接孙中山先生灵柩奉安中山陵，建造中山大道，将海陵门由一孔扩建为三孔，并取名为挹江门。“挹江门”匾额由考试院院长戴季陶题写。

狮子山（又名卢龙山）东、西两侧分别建有钟阜门和仪凤门，有“龙凤

图1-12　定淮门至狮子山东段城墙范围图

呈祥”之寓意。钟阜门俗称“东门”“小东门”，位于南京城西北狮子山的东麓，外临护城河，因面对钟山而得名。在明朝十三座京城城门中，唯有此门向内凹入，与两边城墙不在一条直线上。该城门为单孔券门，坐西向东，自建成后，因人流量较小，时启时闭。1962年城门被拆除，如今已经荡然无存，只留下钟阜路、钟阜桥等地名。

仪凤门建于洪武十七年（1384）。该城门为单孔券门，坐东向西，与钟阜门隔狮子山而建，是南京城出入江边的重要通道。明成祖朱棣迁都北京后，仪凤、钟阜两门曾被封堵达两百年。1928年，南京国民政府因仪凤门含有迷信色彩，改仪凤门为兴中门（意为振兴中华）。1958—1959年，兴中门在“大跃进”运动中被拆除。2005年6月，在城门原址上重建城门和敌楼，新建的城门为三孔券门，巍峨壮观，但已非昔日面貌。

这段城墙风景秀丽，沿城墙有小桃园、八字山公园、绣球公园、狮子山、静海寺、天妃宫等，共同构成南京明城墙风光带。

此外，项目三期还对南京明故宫午门、东华门、西安门等城门遗址，进行了铭文采集，如图1-13所示。

图1-13 城门遗址示意图

第四节　项目主要任务

根据南京市文物保护管理要求以及《南京城墙保护条例》规定，本项目的主要任务是开展南京城墙本体砖文信息采集工作，对城墙本体上有清晰铭文的城砖进行查找、测量定位、拍照摄像和铭文释读等。对南京城墙本体砖文采集成果进行集成处理，形成一套在组织形式、空间位置、存储命名、编码关联等方面具有统一规格的铭文城砖电子资料库，以便后续砖文信息的使用和管理，并开发铭文城砖数据库，对城砖信息进行入库管理，从而更直接地了解掌握城墙本体上清晰铭文城砖的空间位置、状态、铭文内容、图像信息等，实现南京城墙的数字化管理、数字化服务、数字化保护工作。主要工作内容包括以下几个方面。

一、城墙本体铭文城砖的搜索与勘测定位

1.铭文城砖的搜索查找

通过“地毯式”搜索查找的方法，全面清查南京城墙段落、城门遗址等全域铭文城砖情况，在搜索查找过程中分段、分面开展，做到采集区域的铭文城砖不遗漏、不重复，确保城砖采集数量。

2.铭文城砖的空间勘察定位

鉴于南京城墙本体铭文砖分布高低不一、既广又密的特点，传统的测量手段难以实现铭文城砖的定位工作。随着科学技术的发展，通过对城墙本体铭文城砖不同勘测定位方式的对比研究，积累一套适用于城砖测量的技术方案。对于城墙雉堞、女墙、城墙顶面等可以直接测量的铭文砖，采用全站仪、GPS测量进行定位；对于城墙本体两侧采集难度较大的城砖，则主要利用当前测绘领域先进的无人机倾斜摄影、GPS测量、三维建模等技术，实现城墙本体铭文城砖的精确定位。

（1）无人机倾斜摄影数据获取

由于城墙本体城砖分布较为密集，要实现城砖的空间定位，需要采集

分辨率优于2厘米的高分辨率的无人机航空影像，以三维模型上能分辨每块城砖的尺寸大小为最小分辨率。本项目主要采用多旋翼无人机进行倾斜航空摄影，利用无人机飞控系统控制数码相机镜头角度，按照垂直向下、前视30度、后视30度、左侧视30度、右侧视30度五个方向分别获取航空影像数据，形成覆盖城墙的倾斜摄影测量数据。

（2）近景航空摄影数据获取

为了最大限度地提高三维模型精细度，对于铭文城砖所在区域，需要采用无人机获取城墙近景航空影像数据，从目标周围均匀采集铭文城砖高清晰影像，提高城墙实景三维模型精细度。

（3）城墙实景三维模型制作

铭文城砖的分布，在空间上呈现为立体的分布形态，要实现铭文城砖的空间数字化工作，需要建立城墙三维实景模型。三维实景建模技术的出现为文物数字化提供了新的方法。三维实景模型具有高精度、高分辨率、高清晰度的特点，运用测量测绘技术，可以通过实景模型获取铭文城砖的三维坐标，实现对铭文城砖的数字化处理。

（4）铭文城砖空间精确定位

铭文城砖空间数字化是实现项目目标的重要环节，主要利用高精细度的三维模型成果，采集铭文城砖空间位置坐标信息，依据统一的编码规则，对铭文城砖进行编码。每块采集城砖均有对应的编码，同时备注采集城砖的所属段落与具体位置，如城砖1：解放门—太平门段，距离解放门约100米，女儿墙内侧；城砖2：解放门—太平门段，距离解放门约250米，城墙外立面。女儿墙、雉堞、城顶、城墙外立面、城墙内立面的位置需记录准确，并记录大致距离，以便今后查找。

二、城墙本体铭文城砖的图像采集与处理

1.铭文城砖的图像采集

根据采集的可及程度，按照雉堞（外侧）、女儿墙（内侧）、城墙顶面、城墙两侧的顺序有条不紊地开展查找与采集工作。对于城墙本体两侧采

集难度较高的城砖，利用无人机进行图像采集。通过对城墙本体图像采集拍摄，寻求无人机在城墙周边环境、藤蔓植物、光线光影等不同拍摄条件下的拍摄手段，以便对城墙全区段的铭文城砖图像采集工作的展开实施。

2.铭文城砖的图像处理

采集图像的后期处理分别按适合印刷、展览制作的高分辨率图像和数据库图像两种不同的图像要求标准处理，即按“一砖两图”的图像方式，以适应南京城墙将来的出版、展览和公众号推送等研究和传播不同的图像需求。

三、城墙本体铭文城砖的释读与录入

1.铭文砖属性解译知识库模型构建

由于该项目对砖文的释读具有较高的专业要求，为提升释读的准确性与效率，采用了地理信息行业参考“解译标志”的思想模式，建立了铭文砖属性“文字库”解译知识库模型，构建了已知的铭文砖产地涉及的府（州）、县、工部、军队卫所以及明初官府等级知识库。

2.铭文释读与录入

为保证录入信息的准确性，邀请相关领域专家学者对采集的铭文城砖进行砖文释读，并对录入的城砖信息进行审核把关，确认图像与文字信息无误之后，方可按照一定标准录入南京城墙城砖铭文数据库，形成永久保存的数字化档案资料，实现对城墙本体城砖铭文的抢救性保护，真实完整地留存城墙的基本信息。

四、铭文城砖空间地理信息管理平台开发

着眼于“以资源为核心、以需求为导向、以应用促发展”的数据管理原则，南京城墙城砖铭文数据库以数据资源管理为核心，采用地理信息空间数据库管理模型，实现对南京城墙铭文砖的“电子身份证”管理，研发通用的铭文城砖空间地理信息管理平台，解决馆藏砖、城墙砖的砖文信息与对应的铭文砖在空间地理位置上的关联关系。

针对馆藏与城墙本体上铭文较为清晰完整的城砖，全面采集、记录城砖的铭文内容、质地、尺寸、保存状况、具体位置等全方位的信息，并按照标准数据规范，将文物信息、文物相关管理信息进行统一整合，通过数据库管理运行体系，为广大研究者提供数据服务。

第二章
实施方案与技术手段

第一节　南京城墙铭文城砖信息采集方法与总体技术路线

我国现存较为完整的明清城墙主要分布在南京、西安、兴城、襄阳、荆州、临海、寿县、凤阳、正定、宣化、汀州（长汀）、开封、肇庆、歙县十四座城市，它们是中国明清时期京师和地方府州县城的城墙代表，其中南京城墙是我国现存最具代表性的明清城墙遗产。我们通过对各地城墙遗址数字化情况的调研发现，在铭文砖数字化采集方面，目前国内尚无单位在如此巨大的城墙上对铭文砖进行全面的数字化采集，在国外也尚无较好的项目实施经验可资借鉴。

根据《南京城墙志》记载，南京城墙共计使用了约3.5亿块城砖，城墙高度在14米至21米之间。随着时间的推移，城砖不可避免地受到了自然、人为等因素的影响，大量的砖文正在消失。为了实现城墙的精细化管理，需要完整、精确地记录下保存较好的铭文砖的空间位置、铭文内容、烧造产地等信息，同时采集与之相对应的清晰铭文图像，作为记录城墙的档案数据，为城墙的保护、修复、研究、展陈等相关工作乃至“申遗”提供完整、可靠的基础数据和资料。在对南京城墙铭文砖数字化过程中，基于城墙的特点，主要遇到如下几点困难：

第一，如何在数以亿计的城砖中快速全面地搜索、查找出有清晰铭文的城砖？

第二，铭文砖分布较为零散，且城墙体量较大，如何有效精确地获取城墙内、外侧铭文砖的三维坐标、尺寸等信息？

第三，南京城墙高度在14—26米之间，如何获取城墙较高处的清晰铭文影像数据？

一、南京城墙铭文城砖信息采集方法

本项目聚焦南京城墙本体的雉碟内侧、女儿墙内侧、城墙顶面步道以及城墙本体两侧铭文城砖，因地制宜，采用不同的技术方法开展采集工作。

结合当前地理信息、GPS测量、无人机航空摄影等技术，多层次地采集城墙本体城砖的影像、点云等基础数据，建立城墙实景三维模型。通过高精细度的三维模型提取铭文砖空间三维坐标信息，实现铭文城砖的精确定位。对重要清晰的铭文城砖进行数字化，采集铭文清晰图像信息，形成铭文城砖空间数字化成果，作为实现南京城墙数字化管理的基础数据。

在对南京城墙铭文砖实施数字化采集的过程中，依据城墙的特点，设计了以无人机摄影测量技术为基础，通过当前测绘领域先进的倾斜摄影测量、近景摄影测量以及三维建模等技术，获取城墙多维时空数据的方法。同时，综合利用各种数字化技术的优点，完成对南京城墙真实二、三维场景数据的

图2-1　铭文城砖图像采集方法

构建，实现南京城墙铭文砖精确定位测量、拍照摄像和铭文释读，为建立可供查询利用的资料库提供基础数据，实现南京城墙的“测绘定量”。

南京城墙现存长度达25.091千米，其广度和高度无疑会给铭文采集和数字化管理带来不小的困难。为了实现南京城墙本体的数字化管理需求，本项目在全面查清铭文砖在城墙全线空间分布的基础上，采集铭文砖的空间地理坐标位置、高清图片影像等内容，作为城墙数字化管理的基础数据，辅助完成对南京城墙铭文砖的“文物定性”。

二、铭文城砖采集总体技术路线

本项目在深入研究城墙遗产构成、遗产价值以及遗产保护管理现状的基础上，根据城墙所处环境特点，获取城墙不同尺度的倾斜摄影航片，建立城墙高精细的实景三维模型，在模型上查找、搜索、提取砖文的尺寸等地理空间信息，然后形成可视化的铭文砖分布图，实现“测绘空间定量”。结合采集到的铭文砖矢量数据，确定重要铭文砖的分布和数量，再通过无人机和高清相机等拍摄设备，按照采集要求和技术规范，将砖体上的铭文信息拍摄成高清图片，进行“拍照存档”，并对砖文进行释读，留存和记录每块铭文砖的详细信息，实现“文物属性定性”和南京城墙铭文砖的“电子身份证”管理，构建“空间+属性”砖文电子身份信息平台，为南京城墙铭文砖的管理、保护、研究提供基础资料数据。

本项目实施过程中，一个主要的工作任务就是获取铭文砖的位置坐标信息。由于铭文砖主要分布在城墙的立面位置，实地测量难度较大，为了解决南京城墙铭文砖数字化工作中的城砖搜索、定位、拍摄、释读等技术难点，针对实际需求，优化设计方案，采用带状倾斜航摄+近景倾斜航摄的技术方案，获取城墙及城墙内外侧航空影像数据，最后将两种数据融合建立精细的南京城墙实景三维模型数据，提取铭文砖相关信息，作为外业拍摄、内业定位、尺寸测量等工作的基础数据。

项目总体技术路线如图2-2所示。

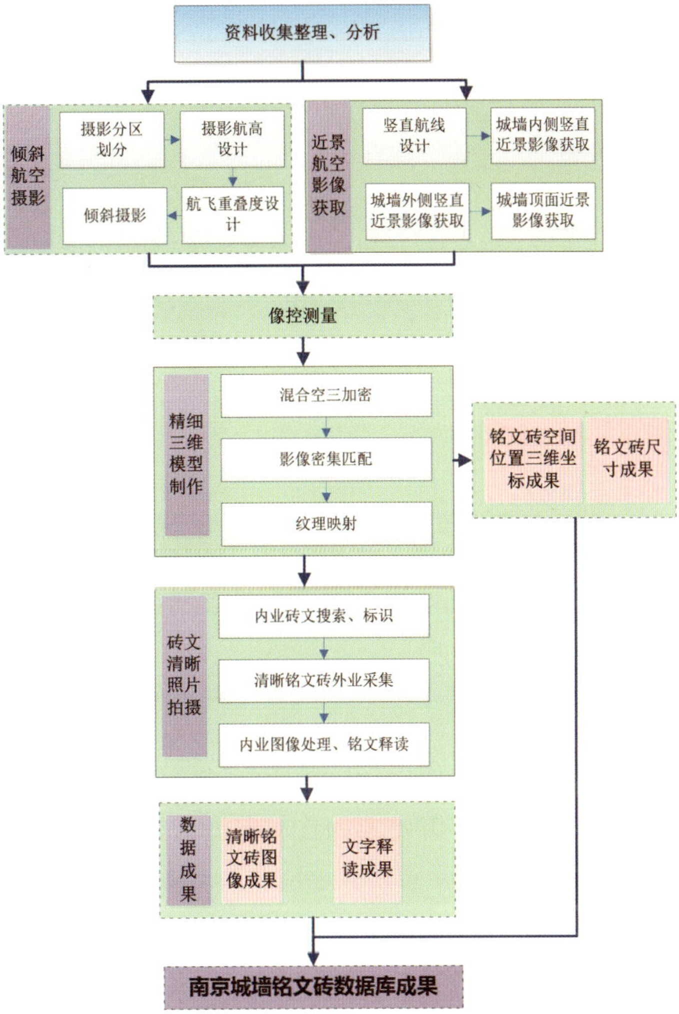

图2-2　总体技术路线图

第二节　铭文城砖搜索与定位

铭文城砖的搜索查找，是实现项目目标的关键点。在项目实施过程中，南京城墙自身的特点，极大地增加了城墙铭文砖的搜寻难度。我们主要以城门为节点，采用分段（图2-3）、“地毯式”的搜索查找方法，并按照对应的段落有序地命名文件夹，将采集的铭文城砖图像依次放入文件夹中，如图2-4所示，力争做到采集区域的铭文城砖不遗漏、不重复。

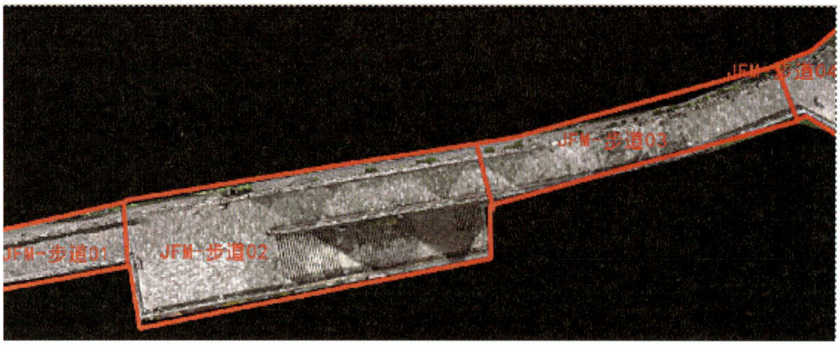

图2-3 铭文城砖步道搜索分段示意图

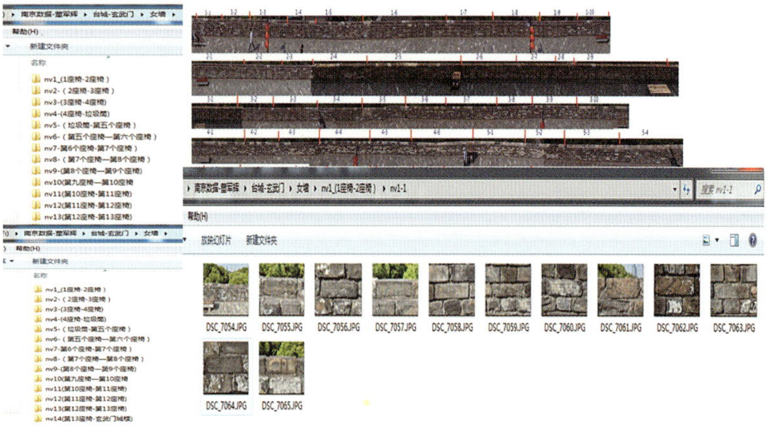

图2-4 铭文城砖分段存放示意图

项目一期、二期、三期铭文城砖查找段落划分如表2-1、表2-2、表2-3所示。

表2-1 项目一期铭文城砖查找段落划分

序号	段落	位置
1	解放门	城墙内侧
		城墙外侧
		顶面
		女墙
		雉堞
		登城步道
2	解放门—太平门	城墙内侧
		城墙外侧

表2-2　项目二期铭文城砖查找段落划分

序号	段落	位置
1	神策门	外城内侧
		外城外侧
		主城外侧
		主城内侧
		外瓮城门洞
		主城门登城步道
2	神策门—玄武门	城墙内侧
		城墙外侧
		顶面
		模范马路隧道
		女墙
		雉堞
3	玄武门	门洞
		入口台阶（内侧）
		玄武门及登城口城墙外侧
4	玄武门—解放门	城墙内侧
		城墙外侧
		顶面
		女墙
		雉堞
5	太平门—富贵山	城墙外侧
6	富贵山	城墙内侧
		登城出入口门洞
		门洞（富贵山—前湖段）
		女墙
		台阶
		防空洞内

（续表）

序号	段落	位置
7	富贵山—中山门	城墙外侧
		雉堞
8	前湖段遗址铁架桥	北柱子
		城墙外侧
		南柱子
		桥下东侧断面
		桥下西侧断面
		小矮墙
9	中山门	中山门两侧、门洞、路两侧
10	中山门—蓝旗街	城墙内侧
		城墙外侧
		女墙
		雉堞

表2-3　项目三期铭文城砖查找段落划分

序号	段落	位置
1	清凉门	女墙
		雉堞
		顶面
		城墙内侧
		断面
		门洞
		城墙外侧
2	中华门—集庆门	女墙
		雉堞
		顶面

（续表）

序号	段落	位置
3	定淮门—挹江门	雉堞
		顶面
		城墙外侧
4	挹江门—仪凤门	雉堞
		城墙内侧
		城墙外侧
5	仪凤门	雉堞
		女墙
		门洞
		城墙内侧
		城墙外侧
6	仪凤门—狮子山东段	雉堞
		女墙
		顶面
		城墙内侧
		城墙外侧
7	石城门	城墙内侧
		城墙外侧
8	华严岗门	雉堞
		外侧
9	中华门—东水关	雉堞
		女墙
		瓮城
10	解放门—太平门	城墙外侧
		雉堞
		女墙
		城墙内侧

（续表）

序号	段落	位置
11	挹江门	城墙内、外侧
		门洞
12	午门	城墙外侧
		门洞
13	西安门	城墙外侧
		门洞
14	东华门	城墙外侧
		门洞

铭文城砖具体位置，主要采用当前先进的摄影测量、无人机、GPS测量等技术，针对不同位置的铭文城砖采用不同的技术方法，实现精确定位。

一、GPS像控点测量

外业像控点的测量，主要是保证项目成果的绝对精度，同时减少由于影像畸变产生的误差。

按照《低空数字航空摄影测量外业规范》的要求，结合类似项目的成功经验，进行像控点的布设，并制定像控测量工作流程图，如图2-5所示。一期、二期、三期任务分别采集控制点320个、577个、432个，如图2-6、图2-7、图2-8所示。

1.像控点布设、选刺

根据测区地形特征和航空拍摄资料情况，项目采用平高区域网单航带双模型布点方案。每隔4或6条基线布一对平高点，不规则区域网一般在凹拐角处加布平高点。个别平地区域采用全野外布设像控点或进行高程注记点全野外测量。

像片控制点在像片上的位置条件：像片控制点点位目标影像清晰，易于判刺；控制点距像片上各类标志及像片边缘应大于1厘米；控制点应在旁向重叠中线附近。

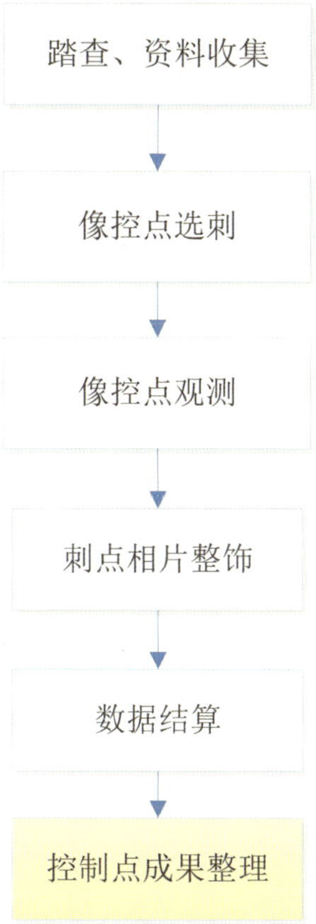

图2-5　像控测量工作流程图

图2-6　项目一期像控测量分布

图2-7 项目二期像控测量分布

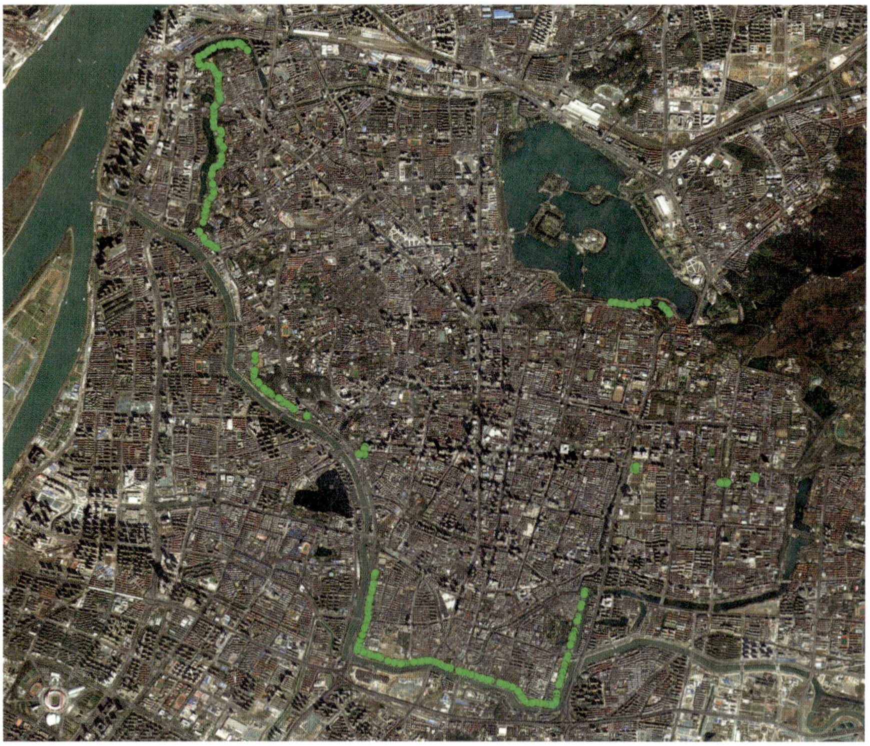

图2-8 项目三期像控测量分布

特殊情况布点：当遇到像主点落水等不能按正常情况布设像控点时，视具体情况以满足内业控制加密和测图为原则布设控制点，点位在像片上的条件可适当放宽。

特殊地区布点：针对没有任何地物特征信息的区域（如荒漠、沙地等区域），在飞行前应布设标志点；同时对标志点进行量测，以保证量测的控制点满足测区进行全数字空中三角测量的要求。

像控点的编号：平高像控点以所在影像的名字命名，同一张影像上的多个像片按由上到下顺序编成影像名加1、2、3，以此类推。

控制像片的整饰：平高点正面以直径7毫米的红圆圈整饰，圆圈右侧注出点号。像片反面用油笔圈出刺孔，并标注点号，加文字说明和略图；同一航线整饰刺点片，当刺点片为非主片时，主片上不转刺，但要转标并注记点号、标明刺点片的航线号及像片号；不同航线的控制点与邻航线公用时，不转刺，但同样要转标并注记点号、标明刺点片所在的航线号及像片号。

2.像控测量质量控制

像控点布设、像控点测量中的外业选刺点为关键环节，像控点测量中的GPS野外数据采集为特殊环节，在生产过程中均严格执行二级检查和一级验收制度，成果合格后方可进入下一工序。

（1）选刺与整饰

像控点选刺与整饰的质量检查内容：检查像控点在像片上的位置条件是否符合技术要求，即检查像控点刺点转刺是否准确、整饰是否符合技术要求；检查刺点略图与影像地形是否相符，说明注记是否完整准确清楚。

（2）测量检查内容

测量检查内容主要为观测数据、记录野外观测手簿是否齐全，内容是否完整无缺。

（3）网络RTK观测数据的测后处理

检查观测参数是否正确；检查观测数据的正确性，是否剔除了粗差及不可靠数据，是否检测已知点，较差是否符合限差要求。

（4）像控点联测成果

像控点成果表检查是否注明成果的平面坐标系统，中央子午线、高程系统，点号、刺点片号、坐标及高程、作业方法、精度等信息。整个测区是否绘制像控点布点结合图。各类成果在上交前是否进行自查、互查，以及各级检查人员的签名等。

二、无人机倾斜摄影数据获取

倾斜摄影技术是国际测绘领域近些年发展起来的一项高新技术，它颠覆了以往正射影像只能从垂直角度拍摄的局限，通过在同一飞行平台上搭载多台传感器，同时从一个垂直及多个倾斜角度采集影像，符合人眼视觉的真实直观效果。通过Smart3D软件快速生成三维数据，如图2-9、图2-10所示，从而达到自动、快速、准确的作业效果。

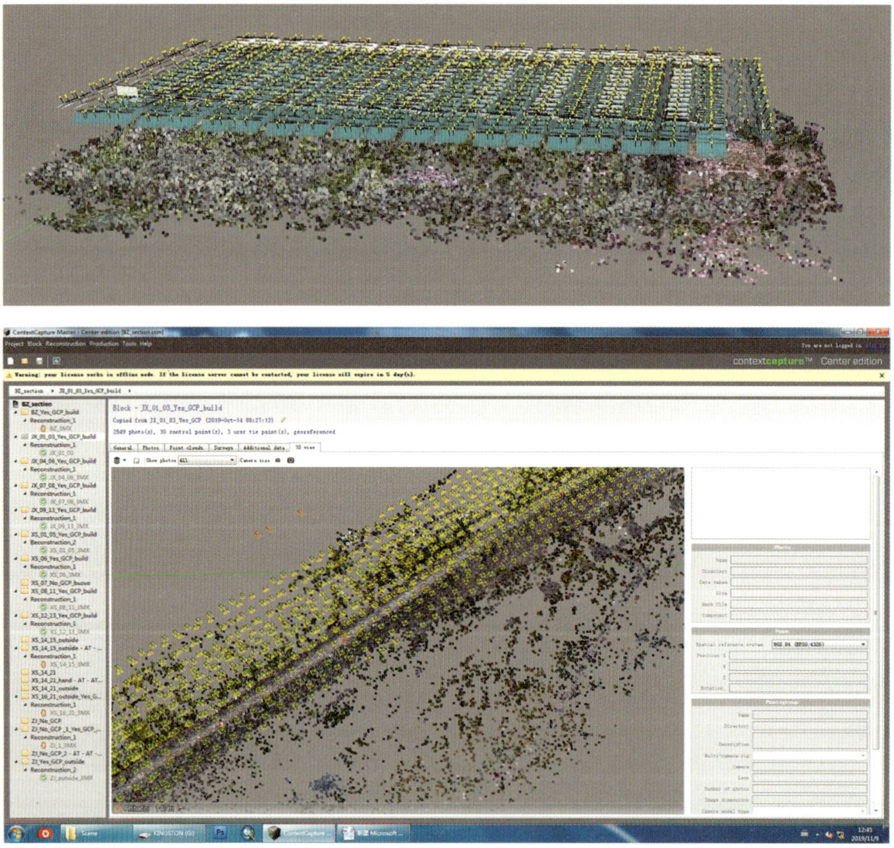

图2-9 三维模型制作（上图为项目一期，下图为项目二、三期）

图2-10　三维模型成果（上图为项目一期，下图为项目二、三期）

无人机航空摄影采用大疆精灵4无人机，作为精灵系列产品，Phantom 4在Phantom 3的基础上，配置有全面的提升，另外首次加入的“障碍感知”“智能跟随”“指点飞行”三项创新功能成为最大亮点，让无人机真正地与人工智能进行了结合。搭配的无人机管家2.0专业版软件，具备GPS解算、控制点量测、空三、影像合成为一体的大比例尺航测解决方案。

无人机倾斜摄影数据获取流程如图2-11所示。

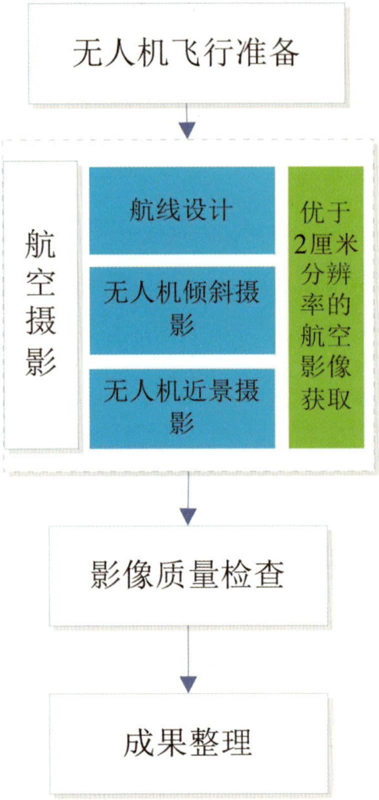

图2-11　无人机倾斜摄影数据获取流程

1.航空摄影基本参数确定

航线设计需要确定的基本参数有：重叠度、航摄比例尺、测区平均基准面、摄影机的焦距、影像的像幅大小。由基本参数计算出航线设计的参数有：在基准面上的飞行高度、航线位置、航向角及航线数、曝光的时间间隔、每条航线的曝光数、总曝光数。

（1）重叠度

重叠度包括航向重叠度和旁向重叠度，倾斜摄影航向重叠80%—85%，旁向重叠80%—85%。航线设计是参照平均基准面进行的，地面起伏、影像倾斜角、飞行偏离航线、航高和地速变化等对重叠度均有影响。在航线规划时，可以预先考虑修正的是由地形起伏引起的变化，地形起伏对重叠度的影响不容忽视。地形起伏的高差对重叠度的影响如下式给出：

$$\begin{cases} Px=P'x+(1-P'x)\cdot \Delta h/H \\ Py=P'y+(1-P'y)\cdot \Delta h/H \end{cases}$$

Px为考虑地形起伏影响时，航向重叠度实际值；P'x为航向重叠度理论值；Py为考虑地形起伏影响时，旁向重叠度实际值；P'y为旁向重叠度理论值；H为飞行的相对高度（相对基准面的高度，选取基准面）；Δh为测区地形相对基准面的变化值。

（2）航摄比例尺

航摄像片的比例尺是航空摄影的一个最基本的集合要素，是指像片上的一个单位距离所代表的实际地面距离，表示为：

$$M=P/GSD$$

M为航摄比例尺；GSD为影像地面分辨率；P为单位像元大小。实际摄影比例尺在像片上处处不相等，一般采用平均比例尺表示：

$$M_{平均}=f/H$$

f为摄影机的焦距；H为飞行的相对高度。

（3）测区基准面确定

一般情况下航测作业的基准面并非海平面，通常需要根据测区地形特点选定一个平面作为基准面。

$$h_{基}=（h_{高}+h_{低}）$$

$h_{基}$为平均基准面高度；$h_{高}$为区域内最高点的平均高程；$h_{低}$为区域内最低点的平均高程。

2.航线设计

（1）飞行高度的确定

根据成图比例尺的要求，选择合适的地面采样距离。根据所选择的地面采样距离，利用相机的焦距和像元尺寸，得到相对航高。相对高度与基准面之和，即为飞机飞行的高度。

$$\begin{cases} H=GSD\cdot f/p \\ HO=H+h_{基} \end{cases}$$

p为相机像元尺寸；HO为飞机的实际飞行高度。

（2）航向间距与旁向间距的确定

$$\begin{cases} Lx=(1-Px)\cdot L\cdot GSD \\ Ly=(1-Py)\cdot W\cdot GSD \end{cases}$$

Lx为航向间距；Ly为航线间的间距；L和W为数码影像的长度和宽度。

（3）像移量的控制

由于无人机遥感平台载荷受限的原因，无法加装复杂的像移补偿装置，只能通过缩短曝光时间、限制飞行速度两种措施来达到限制像移的目的。像移量δ的大小及像移的速度与飞行速度、摄影比例尺等因素有关。

$$\delta=V\cdot T\cdot f/H$$

δ为像移量的大小；V为飞机的对地速度；T为曝光的时间。

按照以往项目航空摄影规范规定，曝光时间内最大像点位移不超过相片上0.06毫米，即60微米。对于CCD相机，显然这个像移足以造成影像模糊，取像点位移不超过1个像素，不影响影像的清晰度和地面分辨率。为保证测量的精度、影像不产生明显模糊，在曝光时间内设定的像移量大小不超出像元尺寸的1/3—1/2。快门速度的限制条件为：

$$T\leqslant GSD/(2\text{–}3)V$$

曝光时间间隔设定：

$$T=Lx/V$$

（4）航片数量

单条航线上航片数目：

$$N=L/Lx$$

L为航线长度。在航线两端点处各增加一个航片：

$$N0=N+2$$

测区的航线数：

$$NL=AW/Ly$$

AW为测区的宽度。

航片总数：

$$TN=N0+NL$$

3.航空摄影实施

（1）飞行平台

飞行采用的是大疆精灵4无人机，搭配的无人机管家2.0专业版软件，具备GPS解算、控制点量测、空三、影像合成为一体的大比例尺航测解决方案。

（2）航摄前准备工作

①外业人员提前从相关软件在测区范围寻找适合的起降场地，待外业人员到达测区，分别对事先选好的场地进行实地勘察。根据任务实际情况，选取一到两个起降场地以及一个应急迫降场地。

②实时关注当地天气以确认作业时间。

③机组人员提前一天对飞机电池、相机电池、笔记本电脑进行充电。对无人机、遥控设备进行更新检测，并进行连接测试，确保无人机正常运行。

（3）航空摄影的实施

一切准备就绪后，外业人员在等待合适的航摄天气时对航摄硬件进行检查维护，确保设备处于最佳状态，待到能见度高、碧空无云的晴朗好天气时，逐条航线进行航空摄影，争取在相似的气候条件下执行航飞任务。

（4）质量控制与检查

航摄资料质量包括飞行质量和摄影质量两个方面。

①飞行质量控制：采用高性能硬件来保证。

②摄影质量控制：航空摄影必须选择能见度高的碧空天气或少云天气，尽量保持各飞行架次气象条件基本一致。

对提交的成果影像要保证单张彩色像片影像清晰，能够正确地辨认出各种地物，能够精确地绘出地物的轮廓，相邻的影像间相同地物色调基本一致，整个摄区的像片色调效果也基本均匀一致。

（5）摄影质量控制措施

①飞行质量控制措施

导航：采用GPS导航，检查GPS导航仪的工作状况，防止因卫星失锁造成GPS导航失效。

②摄影质量控制措施

利用飞行管理系统软件控制飞行，保证飞行数据准确。

摄影天气控制：严格掌握摄影天气。原则上航摄必须在晴天碧空、能见度良好时进行。

曝光参数的选用：根据飞行高度、大气能见度、太阳高度角等情况正确选择合理的曝光参数，保证影像质量。

③航摄结束无人机返场后，摄影员要采用飞行管理软件，立即对获取的摄站点GPS坐标数据进行技术处理，当天评价飞行质量，若有不合格航线立即组织补飞。存储航片影像数据的介质在做妥善包装后，当天返回给数据处理人员做后期处理，数据处理人员在第二个飞行日前将航片数据质量检验报告送交现场飞行人员，以便及时修改作业方案。

（6）成果资料的检查

在整个作业实施过程中，实行“两级检查制度”，保证飞行和影像质量满足航摄规范的要求。两级检查是指：外业人员在第一时间对航摄成果进行检查；整个摄区航摄飞行完成后，及时安排人员对成果陆续进行检查，确定没有缺陷和需要补摄的内容后，对整个摄区的资料按照相关规范要求进行整理。

（7）安全生产和风险规避

航空摄影是一项高风险的工作，在项目的实施过程中要积极做好安全教育和安全检查，确保安全生产并保证项目按期实施完成。

4.航空摄影要求

（1）技术要求

主要技术要求有以下几点：

①地面分辨率：优于2厘米。

②像片重叠度

为尽可能多获取构筑物各个立面的纹理信息，旁向重叠度和航向重叠度都要求大于80%。

③航高保持：同一航线上最大航高与最小航高之间不大于10米。

④摄区覆盖保证

倾斜航空摄影为了保证测区的边缘覆盖，必须保证测区边缘区域倾斜视角影像的覆盖率。

⑤航摄时间的选择

在规定的航摄期限内，尽量选择天气较好、云雾少并且能见度高的时间进行摄影。严格按以下规定的太阳高度角要求选择摄影时间。如表2-4所示。

表2-4　太阳高度角与阴影要求

地形类别	太阳高度角（度）	阴影倍数
平地	＞20	＜3
丘陵地和一般城镇	＞25	＜2.1
山地	≥40	≤1.2

（2）航线布设要求

根据测区范围、测区高程数据，使用航线设计软件，结合测区最低点及最高点高程进行航线设计。

（3）航摄仪要求

项目采用多角度倾斜摄影数码航摄仪，提供有效检定证明文件复印件。

倾斜摄影数码航摄仪镜头个数不少于五个，其中一个必须保证垂直向下，其他前、后、左、右四个方向倾斜角度不得小于30度。最短曝光间隔少于2秒。

（4）航摄分区的划分

根据地形类型和成图精度要求的不同，按相关规范和数字航摄仪性能划分航摄分区，同一分区内的景物特征应基本一致。分区的基准面高程原则上按规范要求进行设计。

（5）航摄季节

在规定的航摄期限内，选择地表植被及其他覆盖物（如洪水等）对成图影响较小、云雾少、无扬尘（沙）、大气透明度好的季节进行摄影。

（6）摄影时间

根据地形条件的不同，严格按规范规定的太阳高度角要求选择摄影时间。

5.航摄质量要求

在保证足够曝光量的情况下，为了减小像点位移、镜头渐晕的影响，提高影像的信噪比，综合考虑航摄时的气象条件、航高等因素，选择最佳的曝光参数。一般情况下，可按下述顺序进行设置：

足够短的曝光时间满足像点位移限制；

适当缩小光圈以减小渐晕和增加景深；

影像不应有云影、光斑或其他非地面景物斑点、脏点、污迹等非正常像素，有效使用范围内不得有明显的“颗粒”效果。

三、铭文城砖空间数字化精确定位

利用数字化手段，结合当前先进的无人机、三维建模、地理信息等技术，建设城墙精细化三维模型，获取南京城墙铭文城砖空间位置信息，实现对南京城墙多维信息真实、完整的记录，为科学保护南京城墙提供基础数据支撑。

根据项目需求，要实现铭文城砖的精确定位，需要采用无人机倾斜摄影方式构建城墙三维模型；在无人机与扫描仪采集不到的区域，则采取人工精细化建模的方式构建三维模型。

1.无人机倾斜摄影三维模型制作

本项目大范围三维场景的建设中采用无人机获取的航飞数据，借助Smart3D三维建模软件，通过摄影测量原理，对获得的倾斜影像数据进行数据预处理、空三加密、模型构建、三维模型修改、检查及整理。其制作流程如图2-12所示。

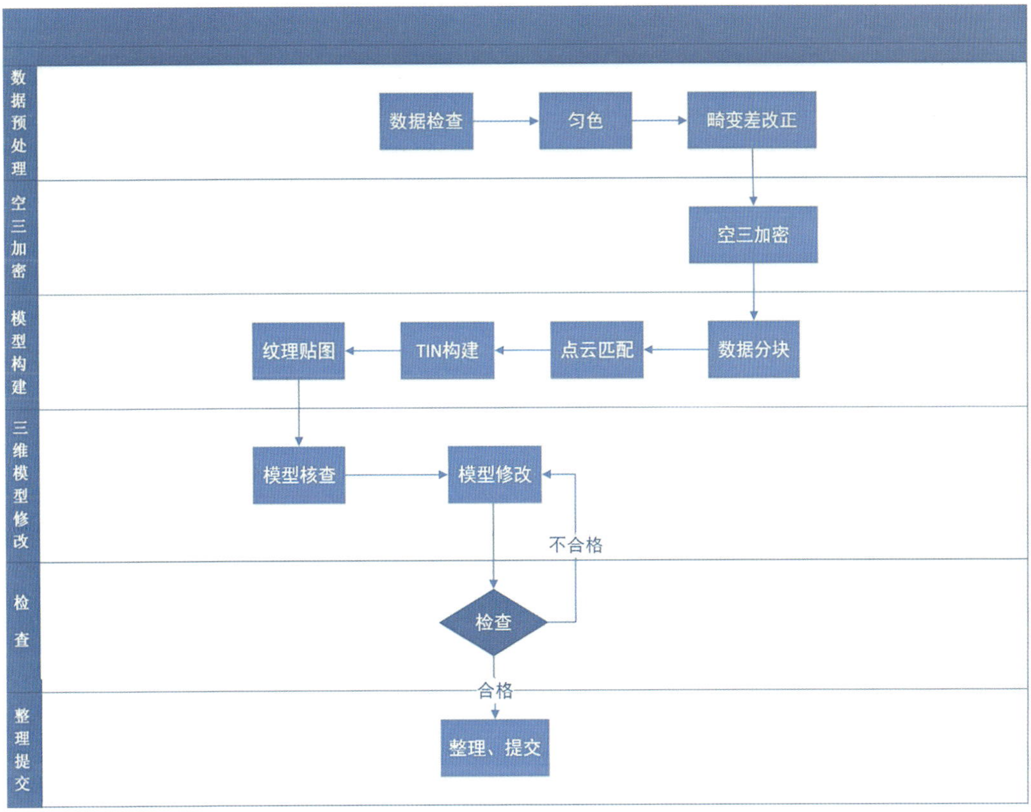

图2-12　实景三维模型制作流程图

（1）数据预处理

通过对航摄数据进行数据检查、影像匀光匀色处理、畸变差校正等步骤对数据进行预处理。该区域建模时对Smart3D软件进行相关参数设置，主要设置的具体参数有以下几个方面。

①传感器大小参数；

②焦距参数；

③空间参考系参数；

④验证控制点输入是否正确；

⑤对验证后的控制点加载相对应的影像照片；

⑥检查控制点的分布状况。

参数设置如图2-13、图2-14、图2-15、图2-16、图2-17所示。

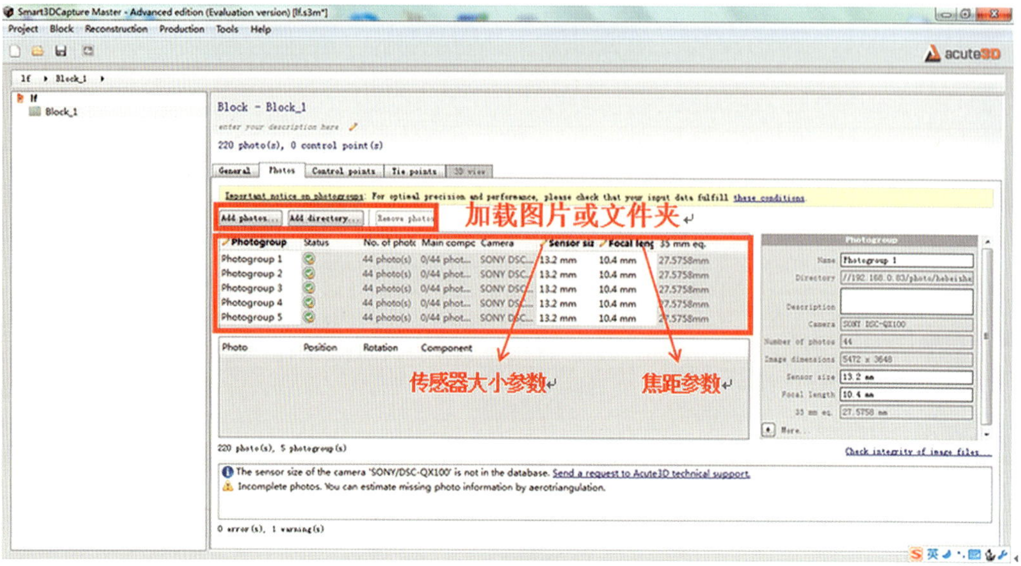

图2-13　传感器参数设置

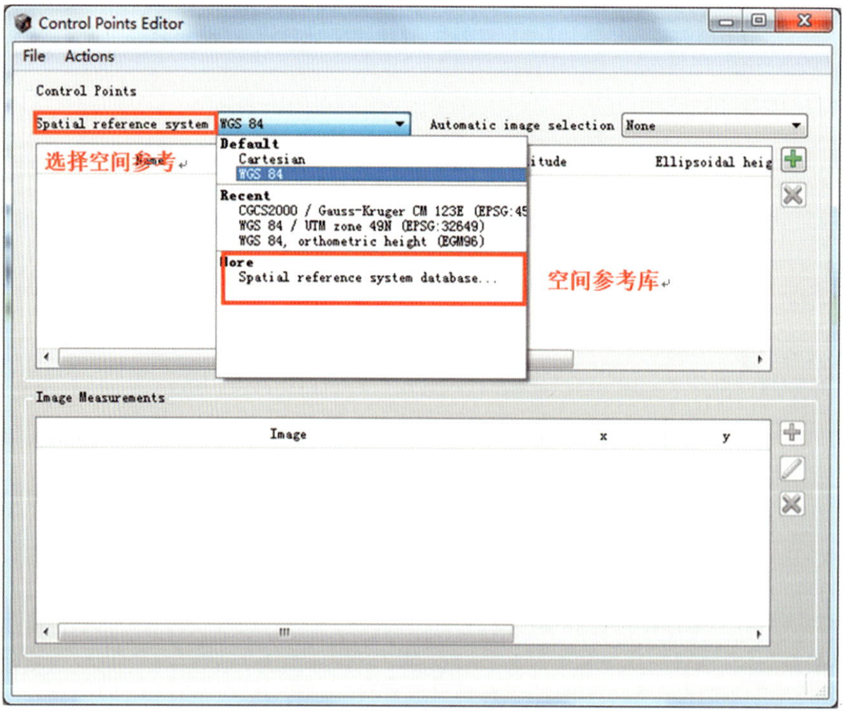

图2-14　空间参考系参数

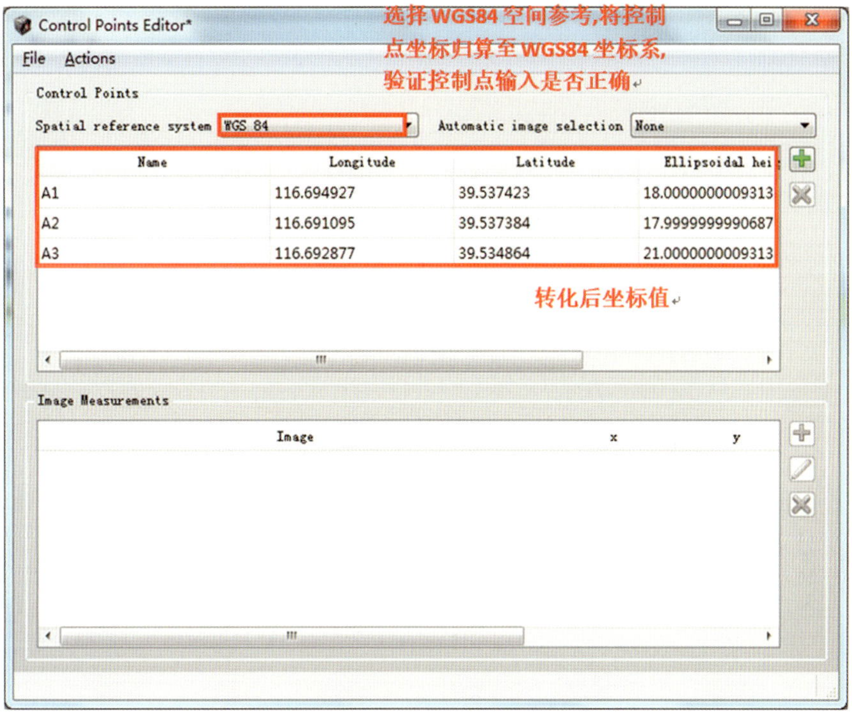

图2-15　控制点设置

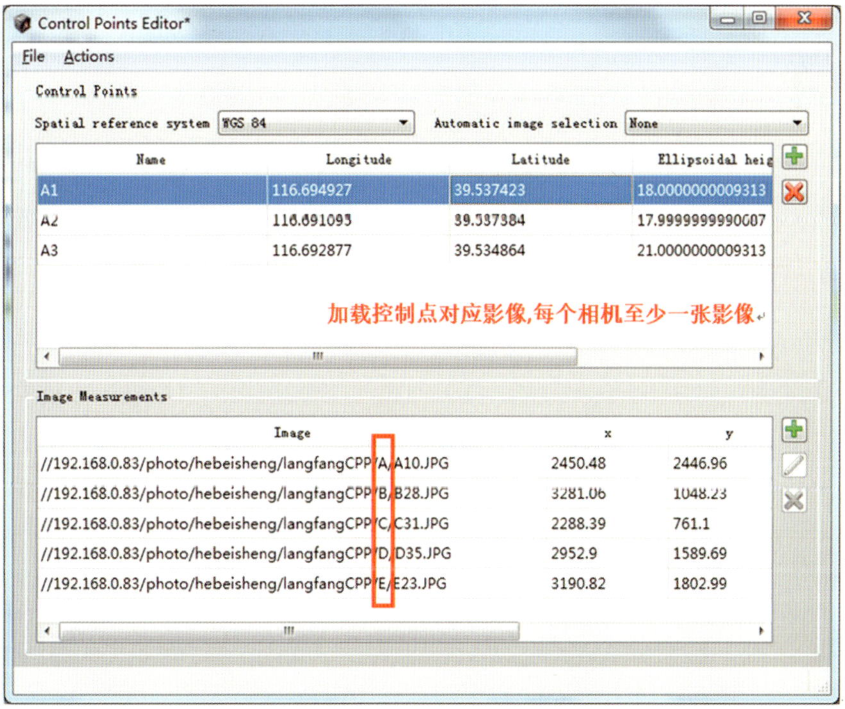

图2-16　控制点照片加载

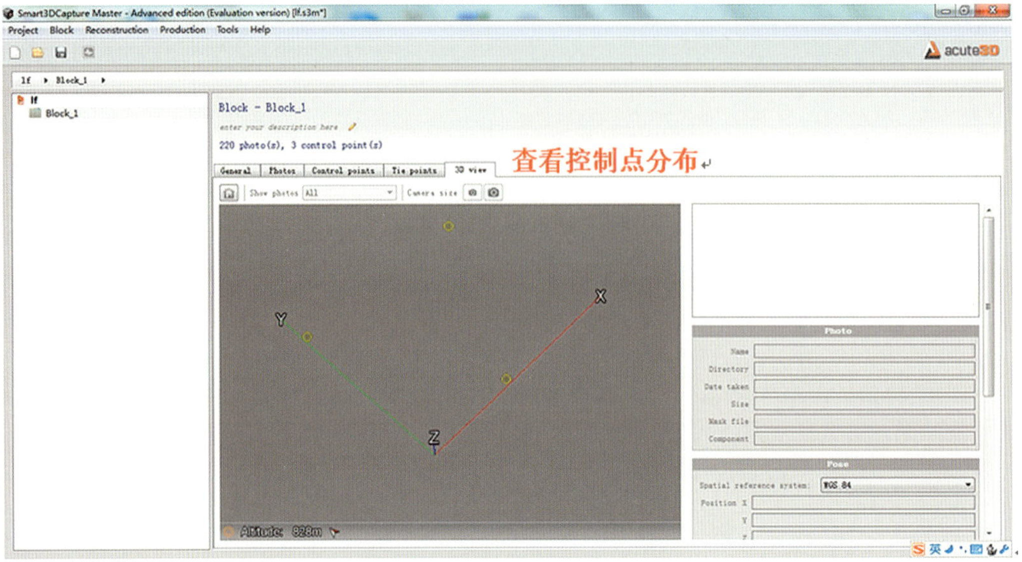

图2-17 检查控制点分布

（2）空三加密

倾斜摄影数据空中三角测量使用多视角联合平差，联合平差需要充分考虑影像之间的几何变形和遮挡关系，将垂直下视影像和倾斜影像进行混合平差。

基于Smart3D软件，结合POS系统提供的外方位元素和相机安装位置关系，可以模拟包括倾斜影像在内的所有影像的地表投影范围，采取由粗到精的金字塔匹配策略，在各级影像上进行同名点自动匹配和自由网光束法平差，得到较好的同名点匹配结果。

同时，通过建立连接点和控制点坐标文件，结合GPS/IMU信息，实现多视角影像自检校区域网平差迭代计算，通过多次反复联合解算，最终得到符合精度要求的结果。图2-18为空三精度报告。

（3）模型构建

模型构建采用分块计算，自动选择不同视角上的最佳像对模型，生成三维尺度的密集点云。点云自动转换为不规则三角网TIN模型，基于内在几何关系，将TIN模型进行平滑和优化。根据三维TIN的空间位置信息，获取最佳视角影像纹理，自动赋予模型纹理，输出osjb格式三维模型成果。

Indicators:
- Number of pairs: 4323
- Median number of keypoints per photo: 35759
- Median number of tie points per photo: 981
- Mean number of photos per tie point: 4.77092
- Mean median reprojection error: 0.558273 pixels

Reprojection error per photo:

Photo		Before AT		After AT	
Photogroup	File name	Median error (pixels)	Number of tie points	Median error (pixels)	Number of tie points
81527	SHK037_029_81527_225134.tif	undefined		0.494462	871
81527	SHK037_030_81527_225136.tif	undefined		0.447165	1051
81527	SHK037_031_81527_225138.tif	undefined		0.477295	1102
81527	SHK037_032_81527_225141.tif	undefined		0.400795	1048
81527	SHK037_033_81527_225144.tif	undefined		0.50824	1053
81527	SHK037_034_81527_225146.tif	undefined		0.520813	1073
81527	SHK037_035_81527_225149.tif	undefined		0.519024	1150
81527	SHK037_036_81527_225152.tif	undefined		0.500208	1021
81527	SHK037_037_81527_225155.tif	undefined		0.466798	633
81527	SHK037_038_81527_225158.tif	undefined		0.460245	370
81527	SHK037_039_81527_225201.tif	undefined		0.499456	392

图2-18　空三精度报告

①点云匹配

对分块内包含的所有立体像对进行点云匹配计算，生成高密度点云数据，点云匹配示例如图2-19所示。

②TIN网构建

对高密度点云数据进行处理，构建不规则三角网（TIN），TIN网构建示例如图2-20所示。

③纹理贴图

根据TIN网中每个三角形的空间位置，从影像中获取与模型相对应的纹理，构建完整的三维模型，效果如图2-21所示。

（4）实景三维模型修改

①实景三维模型核查

在Smart3D平台中，对视角高度为300米场景下的三维数据进行核查，重点检查城墙主体。检查内容包括城墙是否存在纹理扭曲、破洞、搭连；城墙

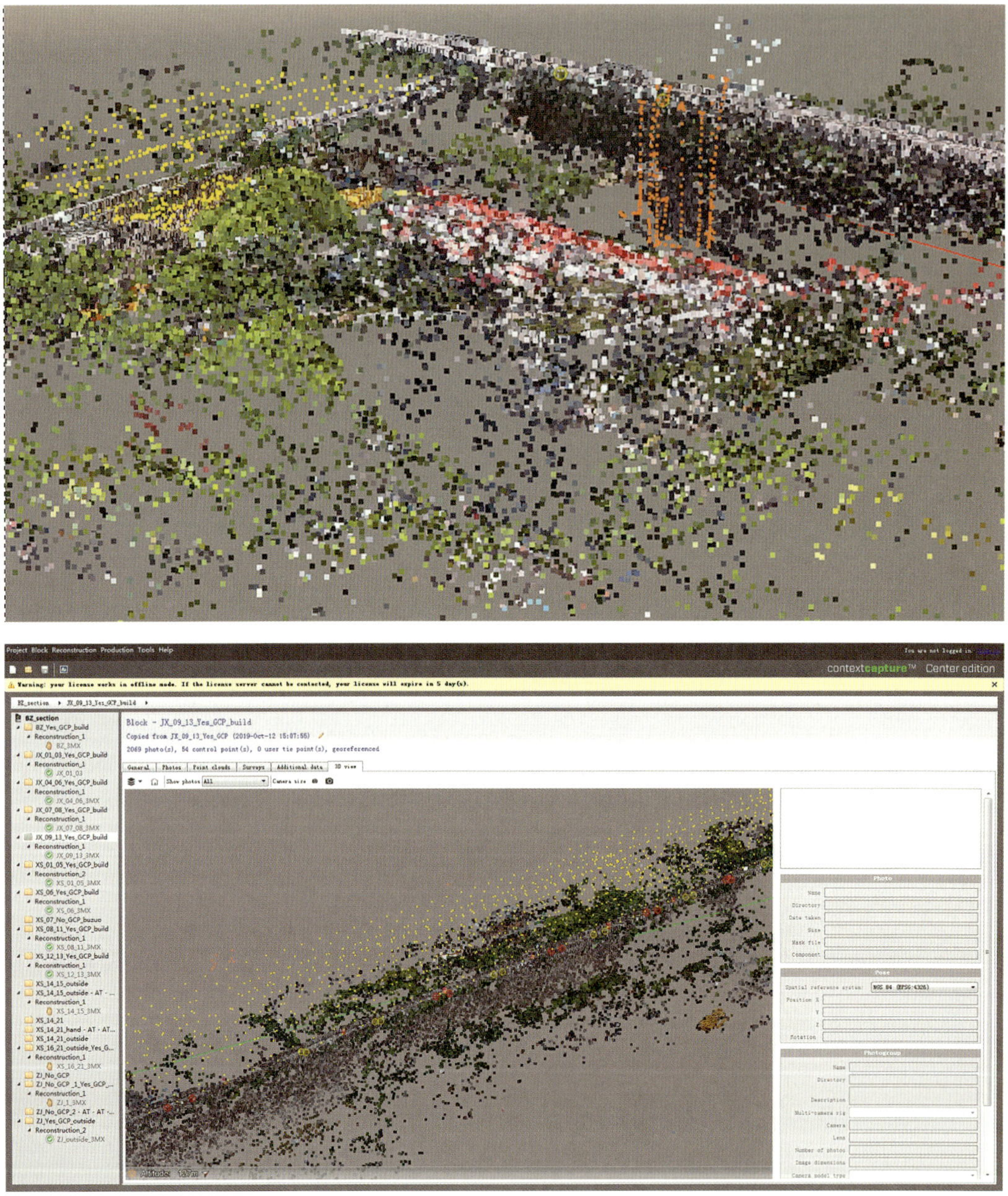

图2-19　点云匹配示例图（上图为项目一期，下图为项目二、三期）

图2-20　TIN网构建示例图（上图为项目一期，下图为项目二、三期）

图2-21　三维模型效果图（上图为项目一期，下图为项目二、三期）

表面是否存在凹凸不平、破洞、反光；道路上有无不完整车辆；整体场景有无悬浮物体、地貌完整性、水面平整性等问题。

核查三维模型是否真实体现城墙遗址以及周边区域的沟、渠、河流、水库、湖泊、坎、山脊、山谷、道路等地形地貌。

②实景三维模型修改

使用Smart3D编辑模块对模型核查，发现的不合格模型数据进行点云编辑、TIN编辑和纹理编辑，最终输出合格的三维模型成果。

③三维模型成果检查

对修改后的三维模型成果进行检查，检查三维模型成果是否满足要求，如果不满足则对有问题的区域进行修改，直到满足三维模型成果要求为止。

④整理提交

对检查后的实景三维成果进行整理提交。

2.人工精细化建模

借助3ds Max三维建模软件，根据现场照片，对城墙遗址进行立体建模、贴图、检查及整理提交。具体流程如图2-22所示。

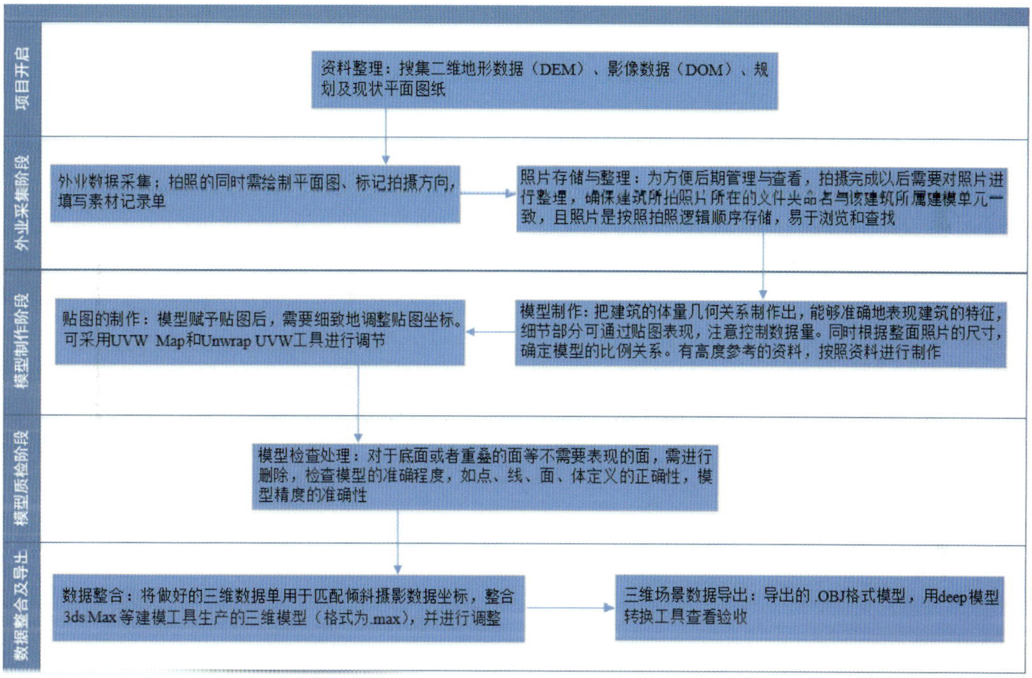

图2-22　精模模型制作流程图

（1）外业数据采集前期准备

①影像图

根据模型人工模型制作范围需求，在影像图中标注需要采集的范围。

②相机

照片分辨率不低于2048×1360（3米高精度），jpg格式其他参数调整如下：

图像大小：一般设为5米高精度，2560×1920像素。

ISO值：室外一般采用自动的ISO值。

曝光模式：采用自动曝光。

对焦方式：选择单点高速对焦。

防抖：防抖模式2。

闪光灯：强制关闭。

（2）外业采集工作流程

①在总图中分块，将采集区域分成小块并命名。

②印出分区图。

外业采集：拍照的同时需绘制平面图、标记拍摄方向并填写素材记录单。

外业质检。

外业整理及统计拍摄情况。

（3）三维模型建立

3ds Max（3D Studio Max）软件由Autodesk公司开发，基于PC系统，是制作建筑效果图和动画制作的专业工具。其操作界面如图2-23所示。

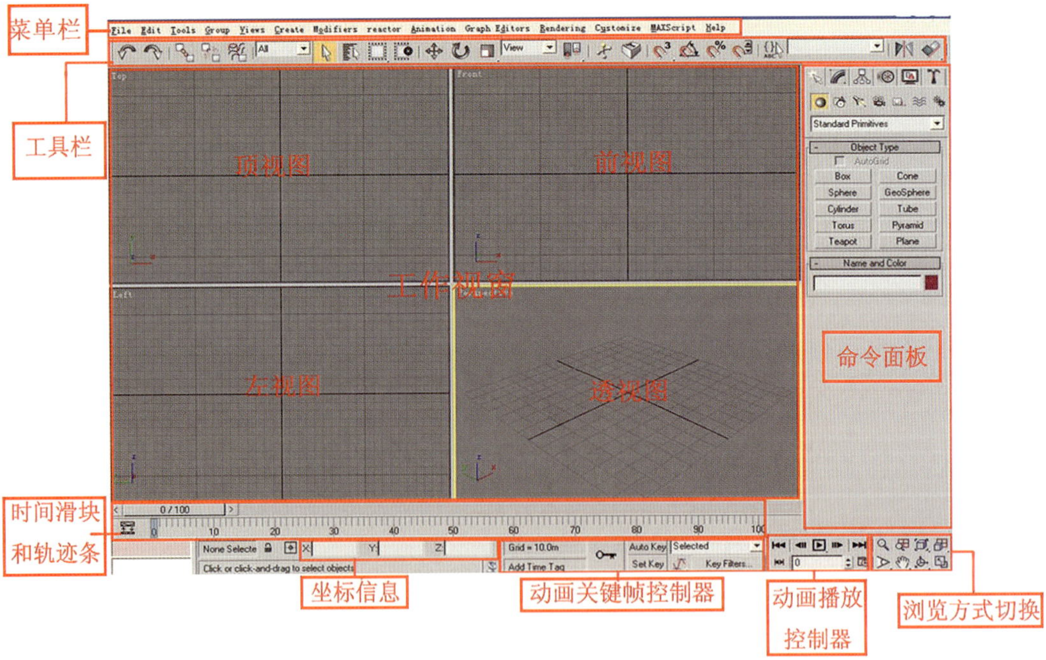

图2-23　3ds Max操作界面

建模的主要思路是将所要创建的对象进行拆分，将整体拆分成各个部分，逐个创建每个部分，再组合到一起。具体步骤如下：

①启动软件3ds Max。

②设置单位，将3ds Max菜单“customize”中“unit-setup”的单位设置成meter。

③导入矢量闭合多边形，将CAD图导入3ds Max中作底图，在3ds Max中以导入的多边形为基准再勾画相同的多边形作为地基轮廓。

④如果没有矢量文件，在影像上截取建筑物地图，通过测量确定截取图片的长宽比例，按照这个比例在3ds Max中创建一个box，将截取的图片贴在这个box上，以确定建筑物的长宽比例。

⑤根据截取的影像进行轮廓线的勾画，确定建筑物的结构。

⑥根据高度信息进行挤压（Extrudc）建立模型，根据拍摄的照片制作贴图并依附于建立的三维模型。设置完贴图坐标之后，需要把模型再次进行塌陷。

（4）模型优化

①模型结构优化，对于所建的模型要进行优化，在维持模型显示效果的前提下，使用尽可能少的点、面和多边形。

②模型贴图优化，纹理文件需要大量的显卡资源，因此创建模型纹理是非常重要的。优化图如图2-24所示。

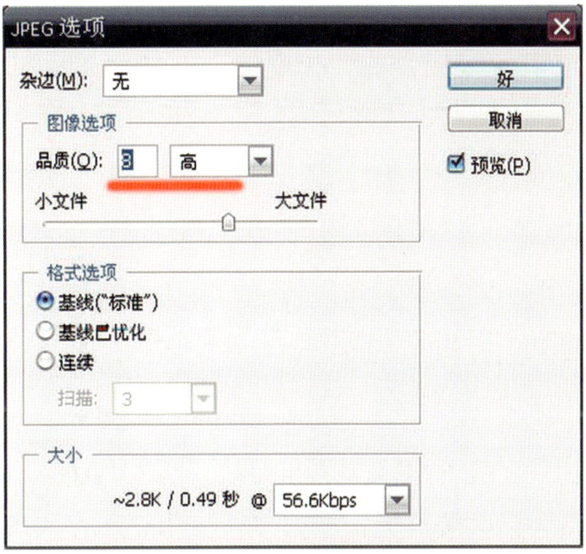

图2-24 贴图优化

（5）导出模型

检查确认模型纹理格式大小、透明贴图是否有通道、模型重置、3ds Max系统单位设置为米，准确无误方可导出，如图2-25所示。

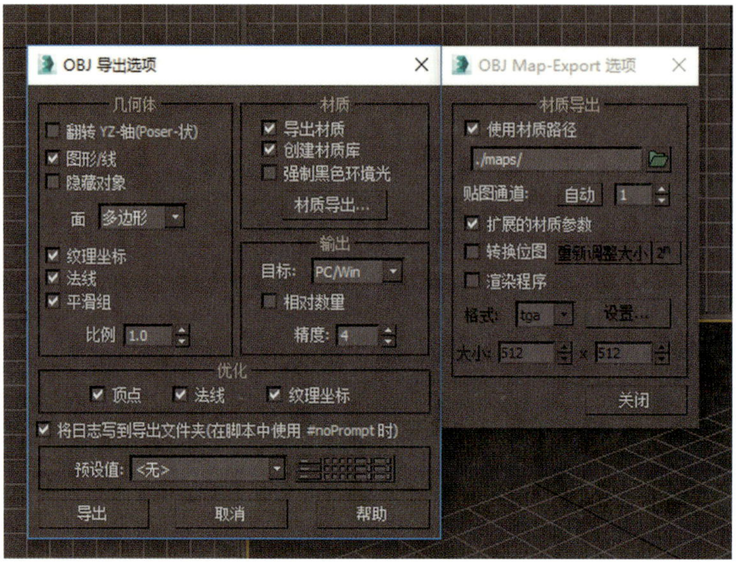

图2-25 导出示意图

四、重点铭文城砖空间坐标采集

在项目实施中，通过对南京城墙本体进行铭文城砖的筛查、数据信息的整理与数据矢量化三个步骤，实现重要铭文城砖的空间数字化采集。

在铭文砖的查找与定位方面，根据铭文砖的位置不同采用不同的技术路线。

1.城墙两侧铭文砖查找与定位

对于南京城墙两侧的铭文砖，主要采用无人机获取不同高度的城墙影像数据，利用倾斜摄影测量方法制作高精度城墙三维模型，并利用三维模型成果，渲染城墙两侧高分辨率立面图（如图2-26所示），内业人员在立面图上进行铭文砖查找、标记、编号等工作，外业人员利用内业查找数据作为工作依据，进行外业图像采集与核查工作，如图2-27与图2-28所示。最后，依据外业采集与核查的铭文砖数据，在三维模型中获取铭文砖坐标以及尺寸信息，如图2-29所示。

图2-26　城墙两侧高清立面图

图2-27　外业采集图纸

图2-28　外业人员图像采集

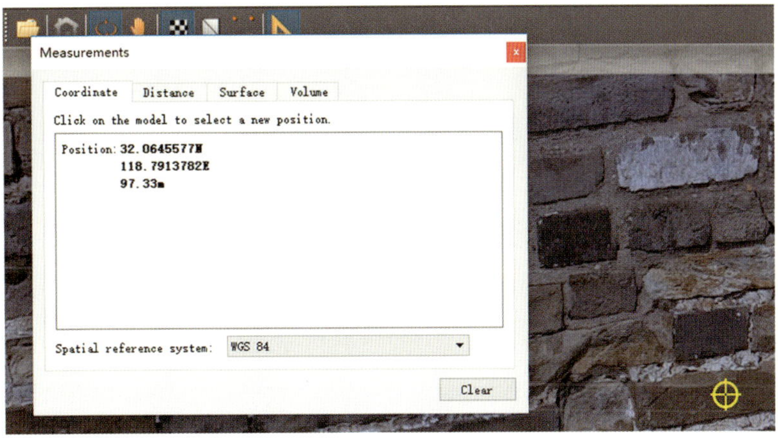

图2-29　坐标信息获取

在勘察过程中，以人工巡视为主，结合望远镜、无人机等设备进行全面的搜索，确保铭文城砖不遗漏。

铭文城砖搜索主要包括基础地理底图数据准备、城墙搜索块划分、铭文城砖查询、位置记录等工作。

2.城墙顶面、女墙、雉堞铭文砖查找与定位

对于南京城墙顶面、女墙、雉堞的铭文砖采集工作，主要采用实地查找测量方法，按照分区、分段进行地毯式搜索，查找铭文砖。利用全站仪设备获取坐标信息，如图2-30、图2-31所示，并利用数码相机采集铭文砖图像。

图2-30　坐标信息获取

图2-31　采集人员坐标信息获取

第三节　铭文城砖图像采集与处理

南京城墙本体铭文城砖的图像采集，根据采集的可及程度，按照雉堞（内侧）、女儿墙（内侧）、城墙步道、城墙顶面、城墙两侧的顺序进行有条不紊的查找与采集工作。对于城墙本体两侧采集难度较高的城砖，利用航拍飞行器进行图像采集。

铭文城砖图像采集技术路线如图2-32所示。

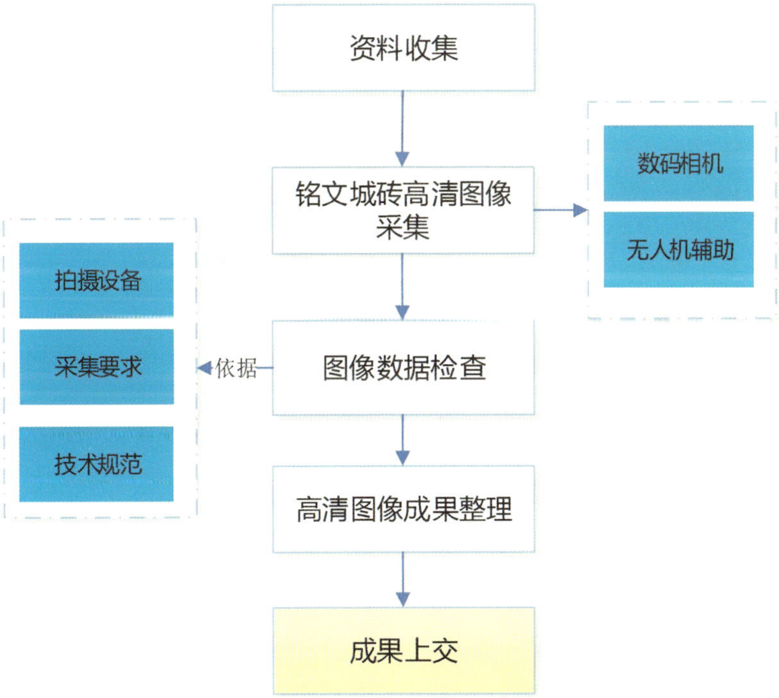

图2-32　铭文城砖图像采集技术路线图

一、铭文城砖图像采集

对于南京城墙清晰铭文城砖的高清图像采集，首先进行资料收集，分析所收集的数据资料，确定铭文城砖的空间分布和数量，根据确定的数据采集方案配备所需的拍摄设备，并根据铭文城砖高清图像采集要求和拍摄技术规范对铭文城砖图像数据进行采集（图2-33所示）。采集完成后，逐个对图像成果进行检查，检查是否符合项目对铭文城砖拍摄的要求。对于检查合格的转入下一流程，检查不合格的返回重新拍摄，直至图像合格为止。对图像质量检查合格的成果进行整理，包括文件命名和组织结构。最后，提交成果。

图2-33 铭文城砖图像采集（上图为项目一期、下图为项目二、三期）

1.收集整理铭文城砖资料

在南京城墙铭文城砖图像采集工作正式开展之前，我们通过实地调查、查阅档案等多种方式，进行了资料收集和整理，为铭文城砖图像采集工作的正式开展做好了必要准备，为合理分配采集时间、采集人员力量、采集设备和资源提供决策参考，确保采集工作正式开展时，能科学、有序、高效运行。通过整理铭文城砖资料，全方位搜索、调查研究，掌握铭文城砖的基本情况，即数量与分布等情况。

2.采集设备

为满足南京城墙重要铭文砖高清图像采集的需求，本项目选用高清数码相机与无人机两种设备进行高清图像采集。其中数码相机为主要采集设备，由于城墙一些特定的地理位置，外业人员无法利用传统的相机拍摄方式获取数据，因此依靠无人机的优势，获取图像，配合完成采集工作。

3.铭文城砖图像数字摄影基本概念

像素：像素是构成数码图像的基本单元，通常以像素每英寸PPI为单位来表示图像分辨率的大小。像素组成的图像叫位图，像素就是构成图像的点，点连成线，线组成面。照相机所标示的总像素只代表光电耦合器的分辨率。图片的清晰度不仅由像素决定，而且由光电耦合器的分辨率和镜头分辨率叠加决定。图像的清晰度除上述原因外，还与摄影操作和拍摄时的光线环境有关。

位深度：单色图像的每个像素有自己的灰度。照相机光电耦合器（CCD或CMOC）分辨由黑到白所能标识出的灰度级数为位深度。用2的8次幂表示，分成256个灰度等级，通常以0标识黑，以255标识白。在记录彩色图像时，对应红绿蓝三个颜色的位深度就是24Bit，即可以分辨出16777216种颜色。人的眼睛以及高级的打印机可能分辨出更多的色彩数，为了更精确地分辨色彩，还可能用48-Bit（单色16-Bit）来标识色彩。优质的光电耦合器和更加精致的控制电路是获取更高色彩分辨率的基本条件，而光电耦合器的幅面大小是重要的因素。

相机画幅：指照相机成像面积的大小。常说的有135相机、120相机或等大幅面的4英寸×5英寸相机、8英寸×10英寸相机等。而针对数码相机的幅面表述，中画幅相机安装了与拍摄胶片的120相机幅面（60毫米×60毫米、60毫米×45毫米、60毫米×70毫米）相当的光电耦合器。全画幅相机则安装了与135相机幅面（36毫米×24毫米）相当的光电耦合器。APS画幅是指安装了面积在17毫米×25毫米左右的光电耦合器的相机，其成像面积只有全画幅相机的二分之一左右。光电耦合器的幅面决定了数字相机的成像精度和成像质量。

移轴摄影：移动光轴调整影像透视关系的摄影方法称为移轴摄影。大型相机依靠移动镜头板，实现光轴调整功能；小型相机或数字相机采用专门的移轴镜头，纠正透视变形，还能调整焦平面位置。正常情况下，相机焦平面与胶片平面平行，用大光圈拍摄，焦平面的景物清晰，焦外模糊；若用移轴镜头，调整镜头焦平面能改变清晰点。显然，移轴摄影对于文物摄影和古建筑摄影的作用是很大的。

色温：有光才有色，没有光就没有色。色温是照明光学中用于定义光源颜色的一个物理量。即把黑体加热到一个温度，其发射的光的颜色与某个光源所发射的光的颜色相同时，这个黑体加热的温度称之为该光源的颜色温度，简称色温。其单位用“K”表示。色温低的光偏黄，比如白炽灯，2800K左右；色温高的光偏蓝，比如紫光灯，9000K以上。一般认为，标准白色光色温为6500K，中午的太阳所发出的白光约为5500K，所以稍微改变红绿蓝三基色的混合比例，即可模拟出增减色温的效果。在文物研究和观赏中，色彩是非常重要的科学数据，因此，在文物摄影工作中精确再现拍摄对象的色彩是非常重要的。现代的数码照相机基本上都具有预设拍摄色温的功能，只要设定准确，基本上可以正确再现文物的色彩。书画类平面文物的研究对于色彩再现的要求更高，因此往往还要用到更加精确的色彩控制技术。在没有确切把握的情况下，在数字影像的后期修正中，原则上不应根据显示器来调整色彩。

镜头：传统的镜头尤其是大幅面相机的镜头，为了得到大的影像涵盖圈，后场镜头的曲率也很大。但是将胶片换成光电耦合器后，每个受光点变厚，由大曲率镜片产生的斜射光线会影响像场边缘感光体的受光量，造成像场边缘影像质量明显下降。为解决这个问题，光学工程师对镜头的后组镜片的设计进行了优化，尽量采用曲率小的镜片，在选配数码相机的镜头时应该对此有所注意。

4.铭文城砖摄影要求

（1）焦点准确，全画面清晰；

（2）视点居中，画面无任何几何畸变（梯变、桶变和扭弯）；

（3）色彩层次丰富，还原精确；

（4）画面整洁，无明显的瑕疵；

（5）防止画面几何畸变。拍摄铭文城砖时，相机的中心位置必须与拍摄对象的中心点在一条直线上，且相机聚焦。

5.图像采集内容

图像采集的具体内容包括：

（1）铭文城砖所在位置信息图像

真实反映铭文城砖所属城墙段落以及周边场景的位置信息图像，并明确记录铭文城砖的位置信息，以便后续查找、研究。如图2-34所示。

图2-34　铭文城砖所在位置信息图像（上图为项目一期、下图为项目二、三期）

（2）铭文城砖内容信息图像

最大程度显示铭文城砖内容的正视图像。铭文城砖包含整体轮廓，以及边缘黏合剂，以便后期分析城砖是属于原始段落还是维修段落。如图2-35所示。

图2-35 铭文城砖正视图像（上图为项目一期、下图为项目二、三期）

6.铭文城砖图像的基本技术要求

（1）铭文城砖图像采用RGB（红、绿、蓝）真彩色模式的位图表示法；

（2）铭文城砖图像每个原色的灰度等级不低于64级（2的6次方）；

（3）文物直接数值化采集数码图像时，每帧不小于1000万像素；

（4）交流用文物数码图像采用jpeg格式压缩，压缩比不超过10∶1。

7.铭文城砖图像的命名规则

本项目涉及的南京城墙铭文砖照片数量达上万余张，为避免在采集以及后期整理过程中出现混乱，需要在采集前制定好铭文砖的命名规则，并按照规则对每一块砖进行命名，确保名字单一无重复并能通过命名直观反映铭文砖对应位置。

南京城墙铭文城砖图像文件的命名形式为：铭文城砖序号+相片序号。各项的顺序要固定，文件名中不能存在任何空格，无论任何原因，文件名中均不得存在中文字符。

（1）所在区域代码

铭文城砖所在区域代码，用大写英文字母表示。其内容为所在区域名称的各个汉字首字母，以试点解放门为例，所在区域代码应为JFM。

（2）图像类型代码

铭文城砖图像类型分为两种：铭文城砖所在位置信息图像代码，其代码用阿拉伯数字01表示；铭文城砖内容信息图像代码，其代码用阿拉伯数字02表示。

（3）铭文城砖序号

铭文城砖序号按照铭文城砖空间位置从左到右、从上及下的原则，对每一块铭文城砖进行单独编码，其代码用阿拉伯数字表示，位数为四位，不足四位的在序号前边补零。

二、铭文城砖图像处理

对于南京城墙本体铭文砖采集图像的后期处理，分别按适合印刷、展览制作的高分辨率图像和数据库图像两种不同要求进行，即按“一砖两图”的图像方式，以适应南京城墙将来的出版、展览和公众号推送等研究和传播不同的图像需求。

后期铭文城砖的图像处理主要使用photoshop软件进行，在进行铭文城砖拍摄时，图像质量会受到光照、天气、摄影参数的影响，需要对图像进行必要的处理（或加工、分析），以提高图像质量。

城砖拍摄照片包含城砖的整体轮廓，以及边缘黏合剂情况，以便分析城砖是属于原始段落还是维修段落。

处理前后照片如图2-36与图2-37所示。

图2-36　铭文砖图像处理前

图2-37　铭文砖图像处理后

第四节　铭文城砖释读与信息录入

南京城墙本体上的铭文城砖长期受自然、人为因素的影响，受到不同程度的破坏与风化，本项目实施的目的就是要通过数字化的手段，采集铭文城砖信息，建立铭文城砖档案数据库，实现铭文城砖的数字化永久保护。铭文城砖信息录入流程如图2-38所示。

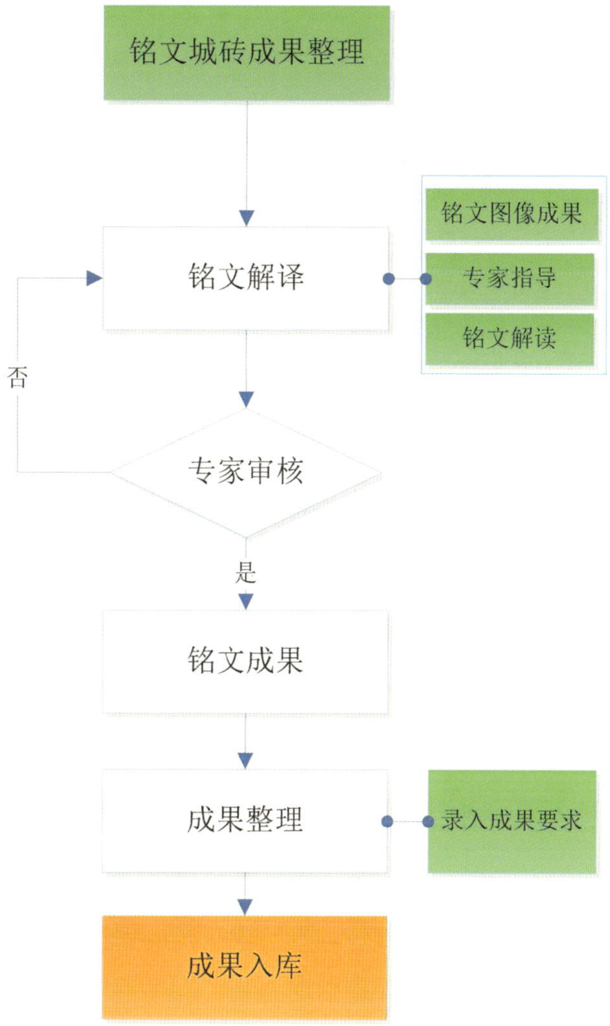

图2-38　铭文城砖信息录入流程图

一、铭文城砖释读

在建立南京城墙铭文城砖档案之前，对城砖铭文进行释读，解读出铭文信息。解读铭文的方法，主要是邀请相关领域的专家学者，依据采集的清晰铭文城砖图像数据进行解读。

铭文砖释读后，根据释读文字分析铭文砖的信息，包括铭文砖的烧造时间、烧造单位、各级责任人，并根据数据库内容要求判断铭文砖的完残程度、砖文字体、砖文制作方式等信息，如图2-39所示。

C	D	E	F	G	H	I	J
名称	*年代		具体年代	*文物类别	质地 *质地类别1	*质地类别2	*质地
明洪武“南昌府南昌县…”模印铭文城砖	中国历史学年代	明	明洪武	石器、石刻、砖瓦	单一质地	无机质	黏土
明洪武“南昌府南昌县…”模印铭文城砖	中国历史学年代	明	明洪武	石器、石刻、砖瓦	单一质地	无机质	黏土
明洪武“袁州府萍乡县…”模印铭文城砖	中国历史学年代	明	明洪武	石器、石刻、砖瓦	单一质地	无机质	瓷土
明洪武“南昌府南昌县…”模印铭文城砖	中国历史学年代	明	明洪武	石器、石刻、砖瓦	单一质地	无机质	黏土

具体尺寸	*原始段落	*是否[illegible]有	完残程度	完残状况	砖文内容	砖文字体	砖文位置	砖文方式
	否	否	基本完整	状态稳定，不需修复	南昌府提调官通判王武 司吏万宗程 南昌县提调官典史陈正 司吏赤盏从敬	楷		模印
	是	否	基本完整	状态稳定，不需修复	南昌府提调官通判王武 司吏万宗程 南昌县提调官典史陈正 司吏赤盏从敬	楷		模印
	否	是	基本完整	状态稳定，不需修复	袁州府提调官通判隋赟 司吏任俊 萍乡县提调官县丞唐季 □司吏□□□	楷		模印
	否	是	基本完整	状态稳定，不需修复	南昌府 司吏赤盏从敬小甲张亨 南昌县提调官典史陈正 总甲涂自省甲首万任荣 人户□通	楷		模印

图2-39　铭文城砖信息

二、铭文城砖信息录入

南京城墙铭文城砖文字信息释读后，还需要经过相关领域专家审核，在确认无误后，根据南京城墙铭文城砖档案录入规范要求，对文件的命名、格式、组织方式等进行整理，形成符合入库要求的项目成果。

入库内容主要包括两部分：铭文砖图像数据、铭文砖属性信息数据。

按照信息录入规范要求进行信息录入工作，最终形成铭文城砖档案资料留存，如图2-40所示。

元素详情

藏品编号	JFM_NCQ_0515	名称			
年代	0.000000	具体年代	0.000000		
文物类别		质地	[zd]		
数量	[sl]	具体数量	[jtsl]		
东经	118.791...	北纬	32.064498	高程	40.03
外形尺寸	通长 40.710000	通宽 0.000000	通高 11.89		
	具体尺寸				
完残程度	0.000000	完残状况	[wczk]		
原始段落	否	修建时间	[xjsj]	是否稀有	[sfxy]
采集段落	解放门	采集时间	2018年9月2日		
烧造单位	[szdw]			砖文内容	袁州府宜春县提调管主薄高亨 司吏陈廷 烧砖人郭王　人户彭英 洪武十年　月　日
具体烧造单位 五省	江西省　府　袁州府　州　县　宜春县				
具体烧造单位 工部	[gb]				
具体烧造单位 军队	[jd]				
具体烧造单位 其他	[qt]				
砖文字体	[zwzt]	砖文位置		砖文方式	[zwfs]
备注	[bz]				
录入人员		录入时间			
审核人员		审核时间			

版权所有：南京城墙保护管理中心　技术支持：国信司南(北京)地理信息技术有限公司010-68424107

图2-40　铭文城砖信息录入

第五节　成果集成

由于本项目分三期开展工作，为了使一期、二期、三期的数据整体精度一致、规格统一，根据项目要求，需要对这三期的成果数据进行集成整合处理。

数据的集成整合主要工作内容有：各期项目成果整理分析、项目成果质检、铭文砖位置信息的集成、铭文砖图像数据的集成以及其他数据（原始数据等）和相关文档资料的集成等。

成果数据集成流程如图2-41所示。

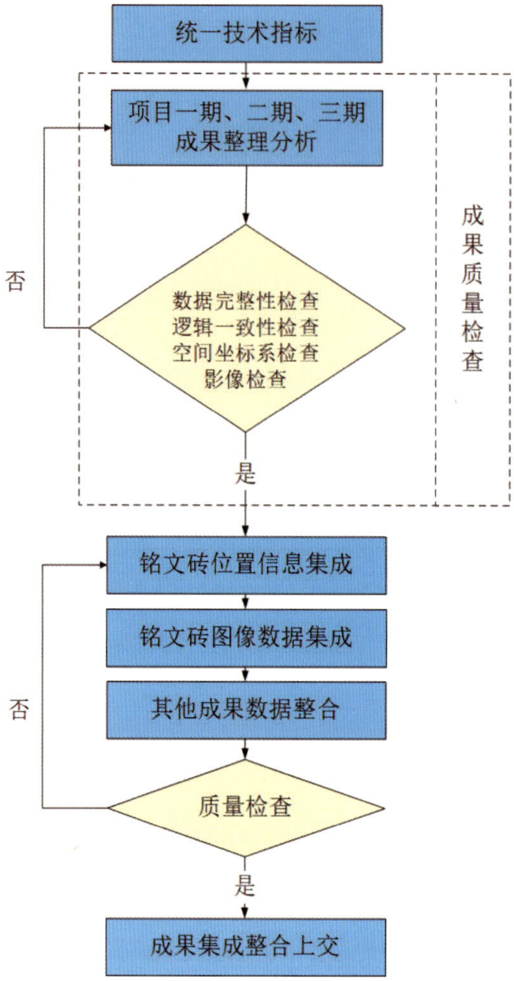

图2-41　成果集成流程图

一、统一技术指标

根据项目要求，项目一期、二期、三期均严格按照统一技术指标采集处理数据，以便获得规格统一的成果数据，方便成果集成。其中主要技术指标包括数学基础、成果数据格式、影像质量、成果命名、成果形式等。

1.数学基础

坐标系：采用2000国家大地坐标系（CGCS2000）；

高程基准：采用1985国家高程基准。

2.铭文城砖数字化成果

（1）空间位置数据格式为shp；

（2）铭文城砖采集为点要素，点要素位置位于铭文城砖中心位置。

3.高清铭文城砖数码图像成果

（1）数码图像成果格式为jpg；

（2）铭文城砖图像拍摄以能清晰展现铭文内容为基本要求，对于拍摄难度较大区域，应最大限度地保证铭文拍摄清晰度；

（3）高清铭文城砖数码图像成果命名应与对应的铭文城砖数字化成果编码关联，此外备注采集城砖的所属段落及具体位置。

二、项目成果整理分析

第三期铭文城砖图像采集处理、铭文城砖释读信息录入等工作完成后，需要依据技术指标，对项目一期、二期、三期的所有成果进行整理分析，包括铭文砖位置信息的整理分析、铭文砖图像数据的整理分析以及其他数据（原始数据等）和相关文档资料的整理分析。

通过整理分析，获得规格统一的成果数据，方便后期高质量、高效率完成成果集成工作。

三、项目成果质检

对项目一期、二期、三期成果进行整体质量检查，以便成果集成工作顺利进行。质量检查内容主要包括逻辑一致性、空间参考系、影像质量等。质检过程中，若发现质量问题，需立即修改完善，复检合格的成果方能进行集成。

1.完整性检查

成果数据完整覆盖一期、二期、三期的项目范围；数据文件无缺失、多余，且均可正常读出。

2.逻辑一致性

成果数据的存储组织、文件格式应符合要求；数据文件命名应符合项目要求。

3.空间参考系

根据项目要求，成果数据坐标系统应为CGCS2000，高程系统应为1985国家高程基准。

4.图像质量

铭文城砖图像拍摄质量以能清晰展现铭文内容为基本要求，对于拍摄难度较大区域，应最大限度地保证铭文拍摄清晰度。

5.接边区域位置精度检查

分析项目一期、二期、三期数据成果接边区域范围、接边处铭文砖位置信息。检查接边区域的位置精度，如果精度超限，需要返回重新采集处理分析；如果精度符合要求，则开展下一步成果集成工作。

四、铭文城砖信息集成

1.位置信息集成

所有成果质检工作完成后，需要集成整合项目一期、二期、三期铭文城砖空间位置信息成果。按照项目要求，根据各期铭文砖空间位置信息情况，集成一份完整、统一的铭文砖位置信息成果。同时，依据统一的编码规则，对每一块铭文城砖编码进行相应的集成整合。

2.图像数据集成

根据统一的技术指标要求，将项目一期、二期、三期铭文砖图像数据集成一套规格一致的图像数据成果。

3.属性信息集成

严格按照统一技术指标，对包含铭文砖名称、位置、铭文内容等的铭文砖属性信息成果进行集成。

通过集成整合工作，最终形成一套在组织形式、存储命名、编码关联等方面具有统一规格的城砖铭文电子资料库，以便后续砖文信息的使用和管理。

第六节 铭文城砖空间地理信息管理平台开发

为了更好地实现对城砖铭文信息的管理与研究，项目组设计研发了南京城墙城砖铭文数据库系统。在该数据库内，每一块铭文砖都要录入多达数十项内容，除了城砖的名称、铭文、年代、质地、尺寸、地理坐标、完整程度等基本信息外，还要根据砖文的内容与特征，录入烧造单位、责任人、砖文字体、砖文制作形式等城砖特有要素。

采用地理信息空间数据库管理模型，能够实现南京城墙铭文砖的“电子身份证”管理，研发出通用的铭文砖空间地理信息管理平台，可以有效解决馆藏砖、城墙本体砖的砖文信息与对应的铭文砖在空间地理位置上的关联关系。

一、开发方法

系统开发按照标准的软件开发流程进行，并利用原型开发方法，使需求更准确。

获得需求后，项目组对系统进行了初步的设计，包括功能设计和页面风格设计，并对系统的核心功能进行了开发，同时将原型系统部署到服务器上，可以直观地看到系统效果和功能。根据原型系统再进行需求调整和确认，进一步明确需求。

南京城墙砖文数据库的构架分为前期与后期两部分。其中，前期通过先进空间信息采集技术，获取城墙多维时空数据；后期结合地理信息技术、数据库技术和三维技术，建立南京明城墙三维可视化管理系统平台（图2-42），实现城墙砖文在线查询。

图2-42　铭文城砖空间地理信息管理平台展示

二、版本控制

开发过程采用了SVN版本控制工具，对开发过程代码进行管理，避免了多人开发造成代码混乱现象，确保了平台的开发质量。

第七节　关键技术研究与创新

一、关键技术

“南京城墙本体砖文信息采集”项目是国内外首次在如此巨大的城墙上对铭文砖进行全面搜索和数字化采集，采用“测绘定量+文物定性”的工作模式，对同类型项目具有较大借鉴意义。本项目将近年来地理信息领域发展起来的无人机倾斜摄影、三维建模等高新技术，运用到南京城墙砖文信息的采集中，取得了较为丰富的成果。

1.关键技术一：解决南京城墙铭文砖“空间”测量关键技术

南京城墙环境复杂、墙厚城高，铭文砖搜索、查找、定位面临巨大的困难。本项目充分运用无人机倾斜摄影、临近摄影测量、三维激光扫描等技术，获取城墙多尺度的数据资料，建立了城墙精细三维模型，在三维模型上开展铭文砖的搜索、查找、定位、测量等工作，把传统的外业工作转换到内业来，突破了传统测绘对城墙立面测量的局限性，研究实现了一种基于精细三维模型的铭文砖信息获取方法，解决了传统测绘砖文信息采集难、成本高、工作量大、精度低、周期长、实施难等技术难点。

2.关键技术二：构建城墙铭文砖铭文“属性”释读参考知识库

在烧制明城砖的过程中，为了确保城砖的质量，明朝政府建立了一整套自上而下的生产责任制，责任人最多的达到11级，同时从书法的角度来说，南京明城墙铭文包含了楷书、行书、草书、篆书、隶书，因此对铭文的释读具有较高的专业要求。为了解决铭文释读人员专业知识不足的问题，采用了地理信息行业参考“解译标志”的思想模式，建立了铭文砖属性“知识库”解译模型，构建了已知的铭文砖产地涉及的府（州）、县、工部、军队卫所以及明初官府等级知识库，为铭文的正确、高效释读奠定基础。

3.关键技术三：运用城墙铭文砖“空间+属性”多维度地理信息系统数据库管理技术

采用地理信息空间数据库管理模型，实现了南京城墙铭文砖的“电子身份证”管理，研发了通用的铭文砖空间地理信息管理平台，有效地解决了馆藏砖、城墙砖的砖文信息与对应的铭文砖在空间地理位置上的关联关系。

二、技术创新点

本项目成果丰硕，应用成果显著，在城墙砖文信息获取、管理与服务理论、方法和应用等方面整体达到国内外领先水平。获取的砖文信息与管理系统平台在“中国明清城墙”申遗、城墙文化研究、城墙保护管理等方面发挥了巨大的作用。

（一）构建了基于文化遗产的快速“空间”信息采集方法

本项目解决了在数以亿计的城砖中快速全面地搜索、查找出清晰铭文城砖的难题，针对南京城墙城厚墙高等特点，设计了以无人机倾斜摄影测量为主的技术方法，构建了城墙铭文砖快速信息采集方法，解决了铭文砖的搜索、定位、拍摄、释读等技术难点。研究了一种采用带状倾斜摄影+临近摄影的技术方法，获取城墙及城墙内、外侧无人机航空影像数据，通过将多种不同尺度的航空影像数据融合，建立了精细的南京城墙实景三维模型数据，以精细三维模型为基础，提取铭文砖相关地理空间属性信息，突破了传统测绘对城墙立面测量的局限性，解决了传统测绘砖文信息采集难、成本高、工作量大、精度低、周期长、实施难等技术难点。

（二）构建了城墙铭文砖铭文“属性”参考知识库

本项目为解决铭文释读人员专业知识不足的问题，建立了基于铭文“知识库”的解决办法。蕴藏着丰富历史信息的城砖铭文，是研究南京城墙重要的基础文献资料，具有极大的历史、科技、艺术等研究价值。铭文砖的释读是一个比较专业的工作，需要对明初官府等级、书法艺术等具有一定专业知识才能进行。为了解决铭文释读人员专业知识不足的问题，采用了地理信息行业参考“解译标志”的思想模式，建立了铭文砖属性“知识库”解译模型。根据朱明娥《旷世城垣——南京明城墙》等专著，构建了已知的铭文砖产地涉及的府（州）、县、工部、军队卫所以及明初官府等级知识库，为铭文的正确、高效释读奠定基础。

1.铭文砖产地知识库

烧造南京城墙所用城砖的产地分布于不同的府（州）、县、工部、军队卫所等，根据专家们的研究成果，我们构建了已知的铭文砖产地知识库，如表2-5所示。

表2-5 铭文砖产地知识库

序号	所属省（市）	烧造府（直隶州）	烧造县（散州）
1	江苏省	应天府	上元县
			江宁县
			句容县
			溧阳州（溧阳县）
			溧水县

（续表）

序号	所属省（市）	烧造府（直隶州）	烧造县（散州）
2	江苏省	淮安府	淮安州
			杂造局
3		扬州府	高邮州
			泰州
			通州
			真州
			泰兴县
			宝应县
			江都县
			兴化县
			海陵县
			如皋县
			海门县
4		常州府	武进县
			无锡县
			宜兴县
			江阴县
5		镇江府	丹徒县
			丹阳县
			金坛县
6	安徽省	安庆府	怀宁县
			桐城县
			潜山县
			太湖县
			宿松县
			望江县

（续表）

序号	所属省（市）	烧造府（直隶州）	烧造县（散州）
7	安徽省	庐州府	无为州
			合肥县
			舒城县
			庐江县
			巢县
8		太平府	当涂县
			芜湖县
			繁昌县
9		池州府	青阳县
			铜陵县
			石埭县
			建德县
			东流县
			贵池县
10		宁国府	宣城县
			南陵县
			泾县
			宁国县
			太平县
			旌德县
11		广德州	建平县
12		滁州	全椒县

（续表）

序号	所属省（市）	烧造府（直隶州）	烧造县（散州）
13	江西省	南昌府	南昌县
			新建县
			丰城县
			进贤县
			奉新县
			靖安县
			武宁县
			宁县
14		瑞州府	高安县
			上高县
			新昌县
15		九江府	德化县
			德安县
			瑞昌县
			湖口县
			彭泽县
16		南康府	星子县（新子县）
			都昌县
			建昌县
17		饶州府	鄱阳县
			馀干县（余干县）
			乐平县
			浮梁县
			德兴县
			安仁县

（续表）

序号	所属省（市）	烧造府（直隶州）	烧造县（散州）
18	江西省	广信府	上饶县
			玉山县
			戈阳县
			贵溪县
			铅山县
			永丰县
19		建昌府	南城县
			南丰县
			新城县
			广昌县
20		抚州府	临川县
			崇仁县
			金谿县
			宜黄县
			乐安县
21		吉安府	庐陵县
			泰和县（太和县）
			吉水县
			永丰县
			安福县
			龙泉县
			万安县
			永新县
			永宁县
22		临江府	清江县
			新淦县
			新喻县

（续表）

序号	所属省（市）	烧造府（直隶州）	烧造县（散州）
23	江西省	袁州府	宜春县
			分宜县
			萍乡县
			万载县
24		赣州府	赣县
			信丰县
			兴国县
			会昌县
			宁都县
			瑞金县
			龙南县
			石城县
			雩都县
			安远县
25	湖北省	武昌府	兴国州
			江夏县
			武昌县
			汉阳县
			汉川县
			嘉鱼县
			蒲圻县
			咸宁县
			崇阳县
			通城县
			通山县
			大冶县

（续表）

序号	所属省（市）	烧造府（直隶州）	烧造县（散州）
26	湖北省	黄州府	黄冈县
			麻城县
			黄陂县
27		荆州府	江陵县
			公安县
			石首县
			松滋县
28		沔阳府（沔阳州）	玉沙县
			景陵县
29		蕲州府（开州府）	黄梅县
			广济县
			蕲春县
			罗田县
			蕲水县（开水县）
30		安陆府	京山县
31		德安州	随县
			应山县
			孝感县
32	湖南省	长沙府	长沙县
			善化县
			湘阴县
			湘潭县
			浏阳县
			醴陵县
			宁乡县

（续表）

序号	所属省（市）	烧造府（直隶州）	烧造县（散州）
33	湖南省	岳州府	岳州
			临湘县
			华容县
34		常德府	武陵县
35		澧州府	澧阳县
36		永州府	零陵县
37	工部	工部	工部左窑
			工部右窑
			工部正中
			工部前窑
			工部后窑
			官前窑
			官中窑
			官后窑
38	军队系统	军队卫所	水军右卫左所
			水军右卫右所
			水军右卫中所
			水军右卫前所
			水军右卫后所
			飞熊卫左所
			飞熊卫右所
			飞熊卫中所
			飞熊卫前所
			飞熊卫后所
			豹韬卫左所

（续表）

序号	所属省（市）	烧造府（直隶州）	烧造县（散州）
	军队系统	军队卫所	豹韬卫右所
			豹韬卫中所
			豹韬卫前所
			豹韬卫后所
			横海前所
			广洋前所
			广洋后所
			江阴卫右
			幕府邵所
			幕府朱所
			石五戴所
			四周所
			三山史所
			海捕八所

2.明初官府等级知识库

在烧制明城砖的过程中，为了确保城砖的质量，明朝政府建立了一整套自上而下的生产责任制，城砖铭文既有府州县各级提调官的本职和姓名，也有农村各级基层人员与具体烧制人员的姓名，责任人最多的达到11级。基于责任人的不同等级，项目构建了明初官府等级知识库，按照等级自上而下如下所示：

（1）府级提调官、委提调官

在烧制明城砖时，通常情况下，府级提调官或委提调官是第一级责任人。提调官是非常设机构中负责处理相关事务的官员，一般根据需要临时设置，事务结束后取消。府级提调官通常由主管行政事务的知府（知州）兼任，或由他们委派府（或直隶州）署的同知、通判、经历、知事、照磨、判官、吏目等兼任。

委提调官职能与提调官相同。“委”字表示担任该官职的人员为临时委任。

（2）府级司吏、府吏、令史

在烧制明城砖时，府级司吏、府吏、令史通常是第二级责任人，在明城砖责任人中出现的频率仅次于提调官。

（3）州级提调官

州级提调官是第三级责任人，由直隶州主管行政的知州兼任，或由他们委派州衙门的判官等兼任。

（4）州级司吏

州衙中负责办理文书的普通官吏，是第四级责任人。

（5）县级提调官、委提调官

县级提调官或委提调官是第五级责任人，由县（或散州）主管行政的知县（或知州）兼任，或由他们委派县（或散州）衙门的县丞、主簿、典吏等兼任。

（6）县级司吏

县衙中负责办理文书的普通官吏，在烧制明城砖时，县级司吏通常是明城砖生产中的第六级责任人。

（7）总甲、里长、监工

（8）甲首、作头、粮长

（9）小甲、粮户、田户

（10）窑匠、作匠、民匠、匠人、工匠、造城砖工匠

（11）造砖人夫、坯匠及其他

（三）构建了城墙铭文砖“空间+属性”地理信息管理系统

本项目建立了砖文空间位置与砖文段落双重识别的分类编码方案，分析了铭文砖产地、建造段落、城墙建设时期的关联关系，为铭文砖的高效查询、历史文化研究等奠定基础，构建了通用的砖文地理信息描述模型，

有效解决了城砖所处段落与空间位置的表达问题，构建了铭文砖专属电子身份信息模型，实现了南京城墙铭文砖的“电子身份证”管理，开发了城墙铭文砖本体空间身份识别一体化地理信息管理系统，解决了馆藏城砖和城墙城砖两大类数据应用与展示需求方面的问题。

第三章
采集成果与新发现

历时三年的“南京城墙本体砖文信息采集”项目圆满结束，共对约25千米城墙本体的砖文信息进行采集，采集了17万余块铭文城砖的照片与砖文属性信息。通过对砖文信息的释读、研究，一批新的南京城墙铭文类型被发现出来，在地域砖、工部砖之中，发现了以往史料、文献没有记载的城砖烧造单位，如武昌府德安州应城县、武昌府德安州云梦县等，为南京城墙以及南京历史文化研究增添了厚重的一笔。

第一节　采集的铭文城砖

本项目一期共发现铭文砖4916块，完成铭文砖图像与砖文定位信息的采集以及相关文档资料的编制，包括4916张高分辨率图像数据，数据格式为jpg；4916张低分辨率图像数据，数据格式为jpg；铭文砖属性数据成果，包含铭文砖编码、坐标信息、对应照片名称、级别等，数据格式为xlsx；22.7万张无人机航飞影像数据，数据格式为jpg。

项目二期共发现铭文砖41538块，完成铭文砖图像与砖文定位信息的采集以及相关文档资料的编制，包括41538张高分辨率图像数据，数据格式为jpg；41538张低分辨率图像数据，数据格式为jpg；铭文砖属性数据成果，包含铭文砖编码、坐标信息、对应照片名称、级别等，数据格式为xlsx；2.5万张无人机航飞影像数据，数据格式为jpg。

项目三期共发现铭文砖12.5万块，拍摄立面大图1100张，并完成铭文砖图像与砖文定位信息的采集以及相关文档资料的编制，包括12.5万张高分辨率图像数据，数据格式为jpg；12.5万张低分辨率图像数据，数据格式为jpg；铭文砖属性数据成果，包含铭文砖编码、坐标信息、对应照片名称、级别等，数据格式为xlsx；2.5万张无人机航飞影像数据，数据格式为jpg。

表3-1　项目一期采集成果

序号	段落	位置	铭文砖数量（块）
1	太平门—解放门	顶面	102
2		雉堞	1752
3		女墙	883
4		城墙外侧	1524
5		城墙内侧	618
6		其他	37
合计			4916

表3-2　项目二期采集成果

序号	段落	位置	铭文砖数量（块）
1	神策门	外城内侧	368
		外城外侧	191
		主城外侧	78
		主城内侧	113
		外瓮城门洞	184
		主城门登城步道	41
2	神策门—玄武门	城墙内侧	1747
		城墙外侧	774

（续表）

序号	段落	位置	铭文砖数量（块）
2	神策门—玄武门	顶面	112
		模范马路隧道	135
		女墙	1455
		雉堞	2244
3	玄武门	门洞	257
		入口台阶（内侧）	106
		玄武门及登城口城墙外侧	400
4	玄武门—解放门	城墙内侧	782
		城墙外侧	5715
		顶面	9
		女墙	2033
		雉堞	2594
5	太平门—富贵山	城墙外侧	3213
6	富贵山	城墙内侧	817
		登城出入口门洞	282
		门洞（富贵山—前湖段）	37
		女墙	70
		台阶	1147
		防空洞内	1211
7	富贵山—中山门	城墙外侧	6307
		雉堞	2367
8	前湖段遗址铁架桥	北柱子	17
		城墙外侧	37
		南柱子	75
		桥下东侧断面	18
		桥下西侧断面	68
		小矮墙	15

（续表）

序号	段落	位置	铭文砖数量（块）
9	中山门	中山门两侧、门洞、路两侧	1794
10	中山门—蓝旗街	城墙内侧	666
		城墙外侧	1771
		女墙	724
		雉堞	1564
合计			41538

表3-3 项目三期采集成果

序号	段落	位置	铭文砖数量（块）
1	清凉门	女墙	284
		雉堞	1265
		顶面	36
		城墙内侧	516
		断面	59
		门洞	52
		城墙外侧	11840
2	中华门—集庆门	女墙	6371
		雉堞	8419
		顶面	1
3	定淮门—挹江门	雉堞	4722
		顶面	4
		城墙外侧	14042
4	挹江门—仪凤门	雉堞	888
		城墙内侧	364
		城墙外侧	881

（续表）

序号	段落	位置	铭文砖数量（块）
5	仪凤门	雉堞	289
		女墙	368
		门洞	2707
		城墙内侧	1851
		城墙外侧	1555
6	仪凤门—狮子山东段	雉堞	5780
		女墙	358
		顶面	88
		城墙内侧	1789
		城墙外侧	4710
7	石城门	城墙内侧	1457
		城墙外侧	2196
8	华严岗门	雉堞	530
		外侧	758
9	中华门—东水关	雉堞	14347
		女墙	9086
		瓮城	3900
10	解放门—太平门	城墙外侧	4179
		雉堞	1587
		女墙	1058
		城墙内侧	10002
11	挹江门	城墙内、外侧	1122
		门洞	683
12	午门	城墙外侧	3783
		门洞	400

（续表）

序号	段落	位置	铭文砖数量（块）
13	西安门	城墙外侧	4
		门洞	150
14	东华门	城墙外侧	348
		门洞	208
合计			125037

第二节　新发现的铭文城砖

在启动“南京城墙本体砖文信息采集”项目后，我们对采集到的砖文进行了释读，对录入的城砖信息进行层层审核把关，在确认图像与文字信息无误之后，最终录入南京城墙铭文城砖数据库中。通过铭文释读和录入，我们发现了众多有清晰铭文的城砖，其中不乏填补空白的铭文城砖。

一、地域砖

据朱明娥著《旷世城垣——南京明城墙》（南京出版社2018年版）统计，明朝初年参加南京城墙砖烧制的省份有长江中下游的南直隶、湖广行省、江西行省的37个府（包含直隶州）的171个县级单位，以及中央工部的7个单位、驻京军队卫所的26个单位，共计204个烧造单位。在南京城墙本体砖文采集过程中，我们又发现了新的城砖烧造单位，如武昌府德安州应城县、武昌府德安州云梦县，以及明州府的窑匠也参与了城砖的烧造。

武昌府德安州应城县砖

武昌府提调官□□□□司吏徐用

德安州判官翟大易司吏靳时中

应城县知县吴均美司吏张斌

作匠芦福一人户沈英李复义

武昌府德安州云梦县砖

武昌府提调官通判张勖司吏徐用

德安州提调官判官翟大易司吏靳时中

云梦县提调官县丞□□司吏宋顺

明州府砖

总甲盛景魁甲首章应开小甲董民章□□

窑匠明州府盛观梦

造砖人夫张景民沈□胡□□□

二、军队卫所砖

据《旷世城垣——南京明城墙》一书，以前曾经发现过“三山史所”铭文砖，此次发现的“三山窑所”铭文砖，无疑是新的发现。

三山窑所

三、寺庙观院砖

佛教寺院参与烧制城砖过去也有发现，本项目采集过程中，发现了较多的寺院参与城砖烧制，如龙池寺、大云寺、泗洲寺、普觉寺、龙全寺、奉胜寺、显民寺、双林寺、圆觉寺、禅惠院、上善庵等。值得注意的是，在本项目采集过程中，还发现一些道教宫观参与了城砖烧制，如清真观等，体现了明初城砖烧制的广泛性。

龙池寺砖

总甲郭必道甲首龙池寺小甲袁应有

窑匠郭□造砖人夫彭□方

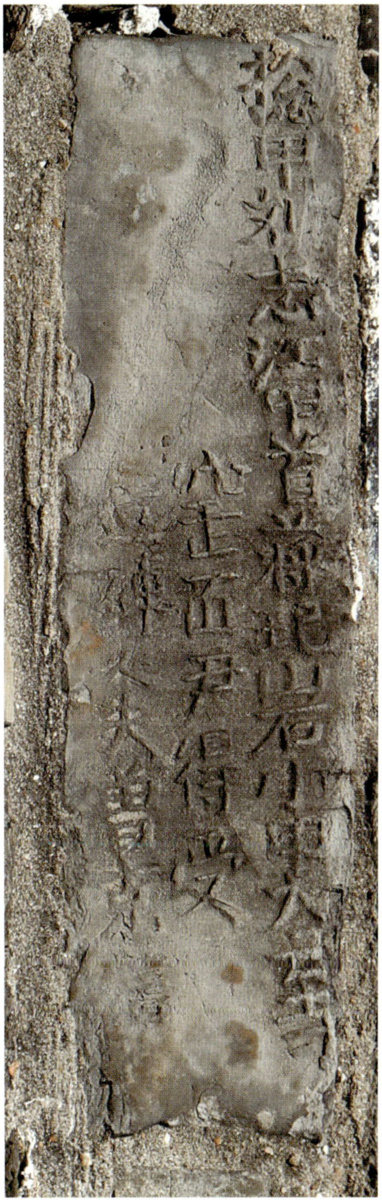

大云寺砖

总甲刘志江甲首蒋玘岩小甲大云寺

窑匠尹得受

造砖人夫曾克□

泗洲寺砖

总甲泗洲寺甲首杨显小甲吴真一

窑匠章□周阿斗汪匠李付二

造砖人夫□□□朱宫一奚通一王良一

普觉寺砖

总甲赵仕安甲首王仲目小甲普觉寺

窑匠艾福四造砖人夫洪�

龙全寺砖

甲首侥贡二小甲龙全寺

造砖人夫龙全寺

奉胜寺砖

总甲史恕甲首奉胜寺小甲高亨

造砖人夫高亨戴应祥窑匠董贵四

显民寺砖

总甲吴之用甲首张子民小甲吴信□

作匠程满人夫显民寺

双林寺砖

总甲岳仲和甲首双林寺□□

窑匠黄龙一造砖人夫程□□

圆觉寺砖

□□□甲首陈点小甲圆觉寺

造砖人窑夫中宗贵

禅惠院砖

总甲禅惠院甲首赵文彬小甲□□□

窑匠卫□□造砖人夫周□□

清真观砖

总甲清真观甲首汤文□□□□

窑匠徐原

造砖人夫张□□

龙池寺与上善庵砖

总甲郭必道甲首龙池寺小甲郭道外

窑匠付进五

造砖人夫上善庵

四、刻画纹砖

刻画纹砖在南京明城墙砖文中较为稀见。这类铭文是工匠用树枝或利器直接在未干的砖坯上信手写来，既有刻画在城砖侧面的，也有刻画在顶面的，均为阴文。以往发现的仅有“寿”“廿七都”“应天府江宁县提调官县丞司吏韩工匠汤洪武六年”“应天府江宁县横山北乡提调官县丞司吏韩洪武柒年　月　日”“荆州府石首县提调官曹仲文司吏淳应马二”等寥寥可数的几块铭文砖，“吉安府万安县监造”“南昌府宁县五都清”“大”“善”“卅八四甲怀”“九月二九日”“卅三双八十四”等铭文砖的发现，可谓丰富了刻画纹砖的数量和内涵。

“吉安府万安县监造”铭文砖

“南昌府宁县五都清”铭文砖

“大”字铭文砖

“善”字铭文砖

“九月二九日”铭文砖

“卅八四甲怀”铭文砖

“卅三双八十四”铭文砖

五、戳印纹砖

戳印，顾名思义，这类铭文是工匠像盖印戳一样盖在砖坯上。其步骤是：第一步，选用一块相对比较小的模板，类似一枚放大了的印章，既有方形的，也有长方形的；第二步，刻工用刀将民间书手事先写好的铭文，以反文的形式阴刻（也有个别是阳刻的）在模板上；第三步，造砖人夫将刻有铭文的木板压印在尚未完全晾干的砖坯上；第四步，待砖坯彻底晾干后，窑匠将其装入窑中烧制而成。与模印铭文相比，这类铭文字体较小，布白比较紧凑，在整个城砖上所占的面积也比较小。值得注意的是，因造砖人夫在戳印过程中用力不均，所以每行字体上下左右深浅不一。这种类型的铭文既用在城砖侧面，也用在城砖顶面。据朱明娥、杨国庆著《南京城墙史话》（南京出版社2008年版）记载：用这种方式制作城砖铭文的有袁州府宜春县、分宜县、万载县、萍乡县，南昌府新建县、武宁县、南昌县、丰城县，抚州府金谿县、宜黄县，临江府新喻县、新淦县、清江县，广信府贵溪县、玉山县、上饶县、弋阳县、铅山县，饶州府安仁县、鄱阳县，吉安府吉水县、庐陵县、永丰县，长沙府醴陵县、浏阳县，以及池州府东流县等。

此次采集中发现的“合同”“静得”“百户张兴”等戳印砖，令人耳目一新。

1.戳印“合同”砖

此次采集中发现的“合同”二字合文戳印砖，十分罕见，方形，楷书。所谓合文，是将两个或多个文字写成一个组合文字，最早出现在甲骨文中，历代皆有沿袭。尤其是宋代，很多商家为了防伪，会在自家所制的器物和契约上，书写店号和姓名的合文。“合同”印章最早出现在南宋，直到明代早期都在频繁使用。

戳印“合同”砖

2.戳印“静得”砖

这是将一枚闲章戳印在未干的砖坯上，得以留存至今。方形，篆书，左“静”右“得”，取自宋代理学大家程颢《秋日偶成》中的名句“万物静观皆自得，四时佳兴与人同”一语，表达了印章主人的人生态度和豪迈气概。推测是当年书写铭文城砖的文人墨客或官员留下的印记。

戳印“静得”砖

3.戳印连珠纹“百户张兴”砖

这是一块极为罕见的戳印连珠纹铭文砖，“百户张兴”用竹管或其他管状物连续戳印而成，虽属于游戏之作，也足以反映戳印者希望留名后世的愿望。

戳印连珠纹“百户张兴”砖

4.肖像戳印砖

该戳印纹章为圆形，疑为花卉图案。

肖像戳印砖

六、稀见砖

在采集过程中，还发现一些十分奇特或少见的铭文砖，具体如下。

右图为“刀形模印”铭文砖，可能是当年泥瓦匠使用的工具瓦刀。刀形模印呈突起状，铭文恰好在刀形模印内。可以辨认出“总甲胡仲……窑匠俞……人夫……”等字样。

“刀形模印”铭文砖

“监工夏通高受”铭文砖

“官用”铭文砖

“永新”铭文砖

“江都县夫□”铭文砖

“新淦县官砖”铭文砖

第三节 丰富了馆藏铭文城砖

2018—2020年，历时三年采集的17万块比较清晰的城砖铭文，大大丰富了南京城墙博物馆馆藏城砖铭文数量。现选择其中部分介绍如下。

一、江苏省砖

应天府提调官府丞王恪令史吴子名
江宁县提调官主簿尹匡司吏张信

镇江府提调官同知王思贤司吏吴原善
丹徒县提调官县丞王克礼司吏冯敬

扬州府提调官同知竹祥司吏陶旭
泰兴县提调官县丞王鼎司吏吴亨

扬州府□□□□□□□
高邮州提调官□□□□□□□

二、安徽省砖

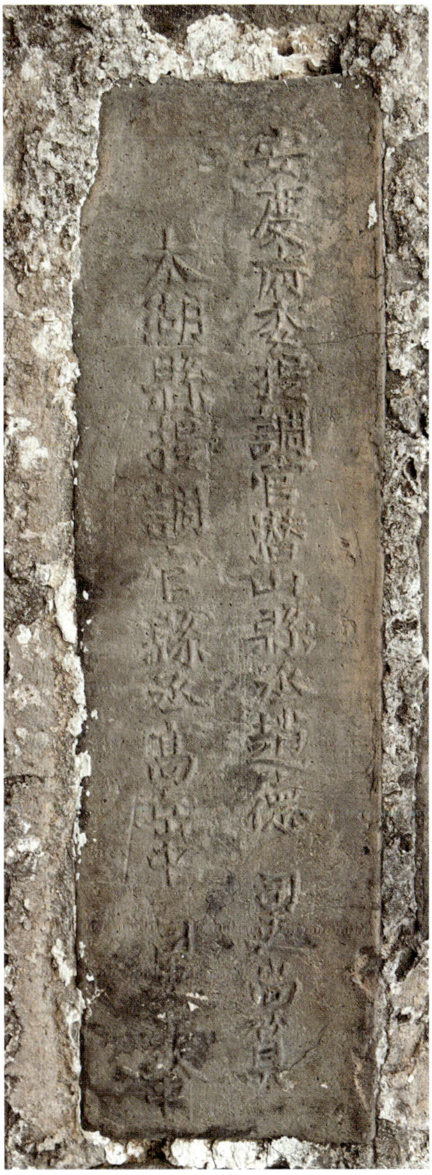

安庆府委提调官潜山县丞赵德司吏尚质
太湖县提调官县丞高岳中司吏王致中

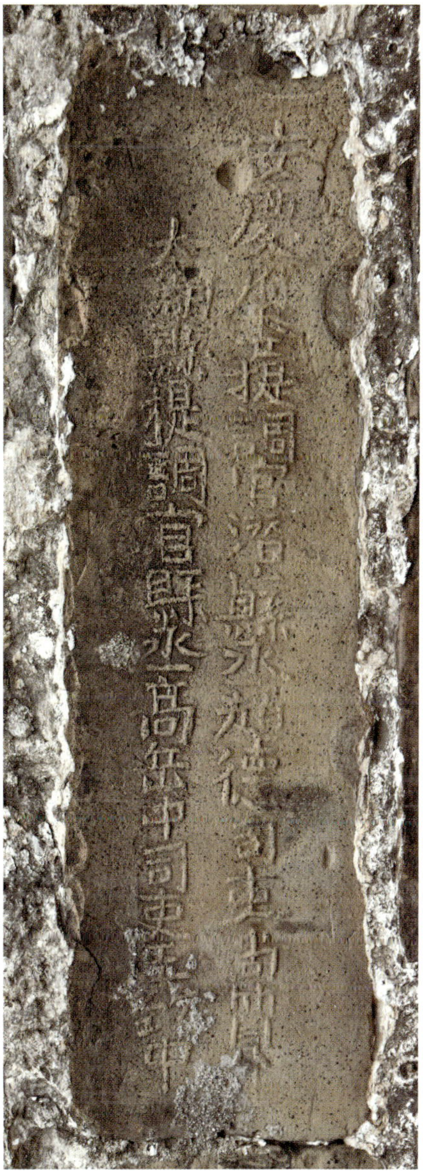

安庆府委提调官潜山县丞赵德司吏尚质
太湖县提调官县丞高岳中司吏王致中

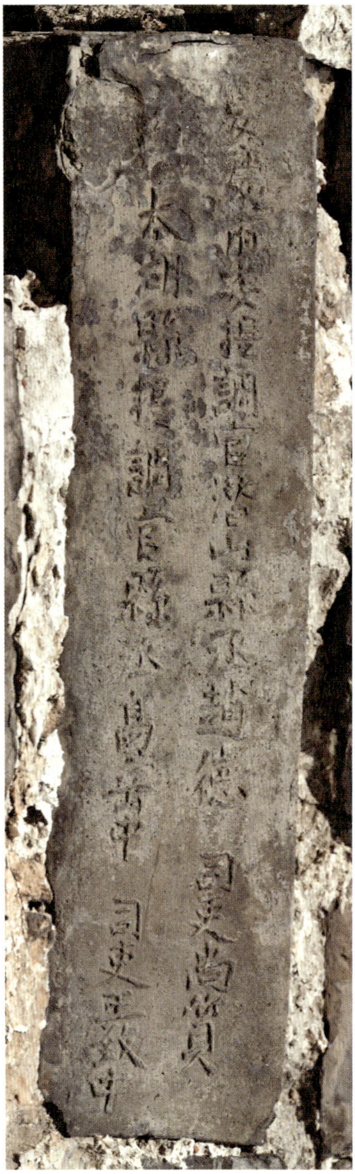

安庆府委提调官潜山县丞赵德司吏尚质
太湖县提调官县丞高岳中司吏王致中

安庆府委提调官潜山县丞赵德司吏尚质
太湖县提调官县丞高岳中司吏王致中

安庆府委提调官潜山县丞赵德司吏尚质
太湖县提调官县丞高岳中司吏王致中

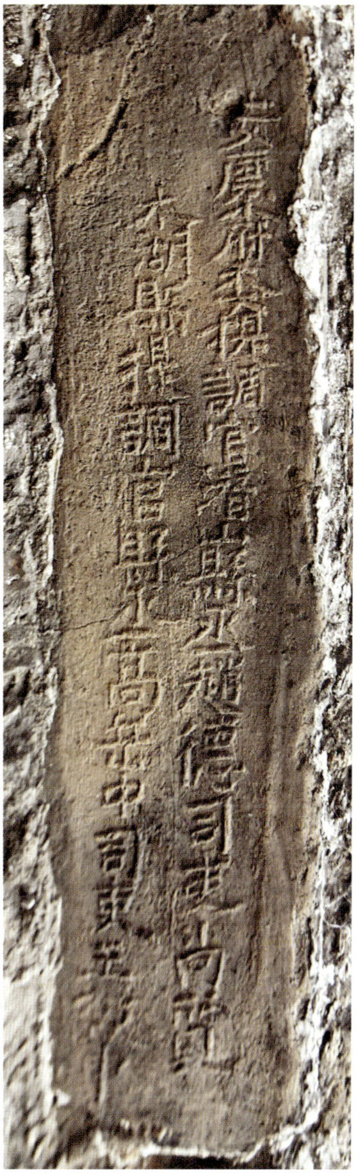

安庆府委提调官潜山县丞赵德司吏尚质
太湖县提调官县丞高岳中司吏王致中

安庆府提调官通判王士廉司吏邓由己
桐城县提调官主簿夏仲寅司吏俞祥

安庆府提调官通判王士廉司吏邓由己
桐城县提调官主簿夏仲寅司吏俞祥

安庆府提调官通判王士廉司吏邓由己
桐城县提调官主簿夏仲寅司吏俞祥

安庆府提调官通判王士廉司吏邓由己
怀宁县提调官主簿刘仪司吏石盏琮

安庆府提调官通判王士廉司吏邓由己
怀宁县提调官主簿刘仪司吏石盏琮

池州府提调官通判陈翰宗司吏朱仲实
铜陵县提调官主簿李著司吏叶茂实

池州府提调官通判陈翰宗司吏朱仲实
青阳县提调典史王希贤司吏胡枢

池州府提调官通判陈翰宗司吏朱仲实
青阳县提调典史王希贤司吏胡枢

太平府提调官同知林永龄司吏施祥
当涂县提调官主簿王溍道司吏郭思中

太平府提调官同知林永龄司吏施祥
当涂县提调官主簿王溍道司吏郭思中

太平府提调官同知林永龄司吏施祥
当涂县提调官主簿王滑道司吏郭思中

太平府提调官同知林永龄司吏施祥
当涂县提调官主簿王滑道司吏郭思中

太平府提调官同知林永龄司吏施祥
当涂县提调官主簿王湣道司吏郭思中

太平府提调官同知林永龄司吏施祥
当涂县提调官主簿王湣道司吏郭思中

太平府提调官同知林永龄司吏施祥
当涂县提调官主簿王滔道司吏郭思中

太平府提调官同知林永龄司吏施祥
当涂县提调官主簿王滔道司吏郭思中

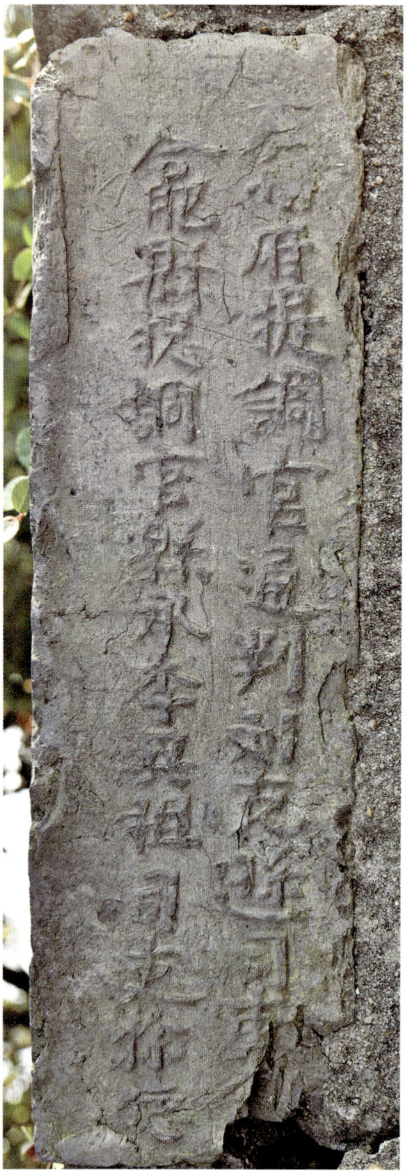

庐州府提调官通判刘克逊司吏李直
合肥县提调官县丞李兴祖司吏徐德

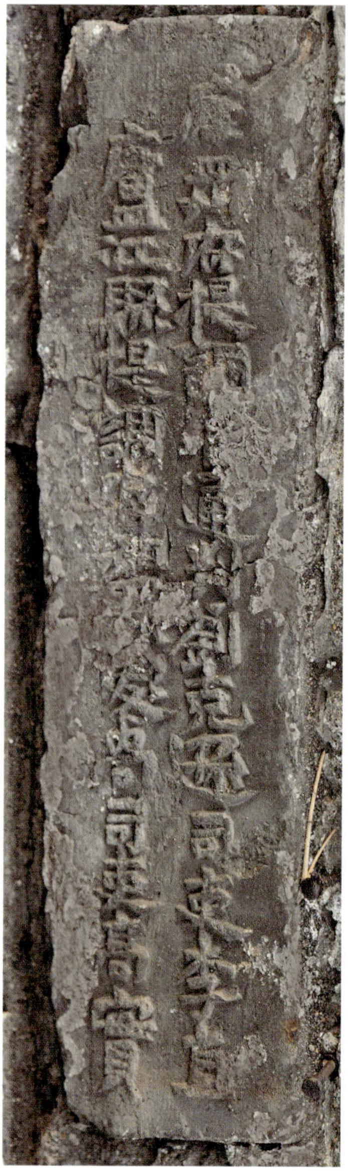

庐州府提调官通判刘克逊司吏李直
庐江县提调官知县爱禼司吏高实

庐州府提调官通判刘克逊
司吏李直
舒城县提调官主簿陈志
司吏李中

宁国府提调官同知兰善司吏李时中
宣城县提调官县丞王信司吏柯英

三、江西省砖

南昌府
南昌县提调官典史陈正
司吏赤盏从敬小甲张亨
总甲涂自省甲首万仕荣人户□通

南昌府
南昌县提调官典史陈
司吏赤盏从敬甲首喻绍宗小甲万友仁
总甲陈禄敬小甲胡贤

南昌府提调官经历丘资深司吏刘仁用

南昌县提调官主簿张郁典史□□□

南昌县提调官典史陈正司吏赤盏从敬

南昌府提调官通判王武司吏万宗程

南昌府提调官通判王武司吏万宗程
南昌县提调官典史陈正司吏赤盏从敬

南昌府提调官经历丘资深司吏刘仁用
新建县权提调官县丞郭政司吏杨添祐

南昌府提调官通判王武司吏万宗程
新建县提调官主簿刘进亿司吏熊晟

南昌府提调官通判王武司吏万宗程
新建县提调官主簿刘进亿司吏熊晟

新建县提调官主簿刘进亿司吏熊晟
南昌府提调官通判王武司吏万宗程

南昌府提调官通判王武司吏万宗程
新建县提调官主簿刘进亿司吏熊晟

南昌府提调官通判王武司吏万宗程
新建县提调官主簿刘进亿司吏熊晟

新建县提调官主簿刘进亿司吏熊晟
南昌府提调官通判王武司吏万宗程

南昌府提调官通判王武司吏万宗程
新建县提调官主簿刘进亿司吏熊晟

南昌府提调官通判王武司吏万宗程
丰城县提调官县丞谭九皋司吏汪宪

南昌府提调官通判王武司吏万宗程
丰城县提调官县丞谭九皋司吏汪宪

丰城县提调官典史李居正司吏何彪
南昌府提调官经历丘资深司吏刘仁用

南昌府提调官通判王武吏万宗程
奉新县提调官县丞金玉成司闵律

南昌府提调官知事戴礼司吏万宗程
奉新县提调官县丞金玉成司吏闵律

南昌府提调官知事戴礼司吏万宗程
武宁县提调官县丞哈散司吏熊原斌

南昌府
武宁县提调官县丞哈散司吏胡尚
总甲彭添详甲首荣□德
小甲陈荣昌人夫杨细弟

南康府提调官通判赵斌司吏游清
都昌县提调官主簿房秉正司吏张伯行
总甲余文炳甲首余均坚小甲赵德胜
窑匠余宁造砖人夫余留七

南康府提调官通判赵斌司吏游清
都昌县提调官主簿房秉正司吏张伯行
八都人户于邦显

南康府提调官通判赵斌司吏游清
都昌县提调官主簿房秉正司吏张伯行
总甲曹才小甲首曹庆一小甲余戌
窑匠邓真造砖人夫袁兴

南康府提调官通判赵斌司吏游清
都昌县提调官主簿房秉正司吏张伯行
总甲黄文友甲首钟华小甲游简
窑匠邓真造砖人夫吴昌原

南康府提调官通判赵斌司吏游清
都昌县提调官主簿房秉正司吏张伯行
总甲曹才甲首余化昌小甲吴礼
窑匠邓真造砖人夫李长

南康府提调官通判赵斌司吏游清
都昌县提调官主簿房秉正司吏张伯行
总甲黄文友甲首曹仁小甲张权
窑匠邓真造砖人夫张权

南康府提调官通判赵斌司吏游清
都昌县提调官主簿房秉正司吏张伯行
总甲黄文友甲首锺华小甲游简
窑匠邓真造砖人夫游简

南康府提调官通判赵斌司吏游清
都昌县提调官主簿房秉正司吏张伯行
总甲黄文友甲首曹仁小甲张权
窑匠邓真造砖人夫王受

南康府提调官通判赵斌司吏游清
都昌县提调官主簿房秉正司吏张伯行
总甲周民尚甲首熊福小甲谭杰
窑匠黄禾造砖人夫吴昌原

南康府提调官通判赵斌司吏游清
都昌县提调官主簿房秉正司吏张伯行
总甲石江甲首向相小甲李暹
窑匠罗用造砖人夫向瘦得

南康府提调官通判赵斌司吏游清
都昌县提调官主簿房秉正司吏张伯行
总甲余文炳甲首余分小甲张受
窑匠□□造砖人夫□□

南康府提调官通判赵斌司吏游清
都昌县提调官主簿房秉正司吏张伯行
涧远五都人户吴海

南康府提调官通判赵斌司吏游清
都昌县提调官主簿房秉正司吏张伯行
总甲曹才甲首余仕昌小甲谢贤
窑匠邓真造砖人夫吴庚

南康府提调官通判赵斌司吏游清窑匠陶敬
星子县提调官主簿张德司吏王昭甲首谢保得
总甲刘宏小甲苏辛造砖人夫赵文义

江西瑞州府提调官通判程益司吏艾成
新昌县提调官主簿崔仲郁司吏胡平实

江西瑞州府提调官通判程益司吏艾成
新昌县提调官主簿崔仲郁司吏胡平实

江西瑞州府提调官通判程益司吏艾成
新昌县提调官主簿崔仲郁司吏胡平实

江西瑞州府提调官通判程益司吏艾诚
新昌县提调官主簿崔仲郁司吏胡平实

江西瑞州府提调官通判程益司吏艾诚
新昌县提调官主簿崔仲郁司吏胡平实

江西瑞州府提调官通判程益司吏艾成
新昌县提调官主簿崔仲郁司吏胡平实

江西瑞州府提调官通判程益司吏艾成
新昌县提调官主簿崔仲郁司吏胡平实

江西瑞州府提调官通判程益司吏艾成
新昌县提调官主簿崔仲郁司吏胡平实

江西瑞州府提调官通判程益司吏艾诚
新昌县提调官主簿催（崔）仲郁司吏胡平实

江西瑞州府提调官通判程益司吏艾成
新昌县提调官主簿崔仲郁司吏胡平实

江西瑞州府提调官通判程益司吏艾成
新昌县提调官主簿崔仲郁司吏胡平实

江西瑞州府提调官通判程益司吏艾诚
新昌县提调官主簿崔仲郁司吏胡平实

江西瑞州府提调官通判程益司吏艾诚
新昌县提调官主簿崔仲郁司吏胡平实

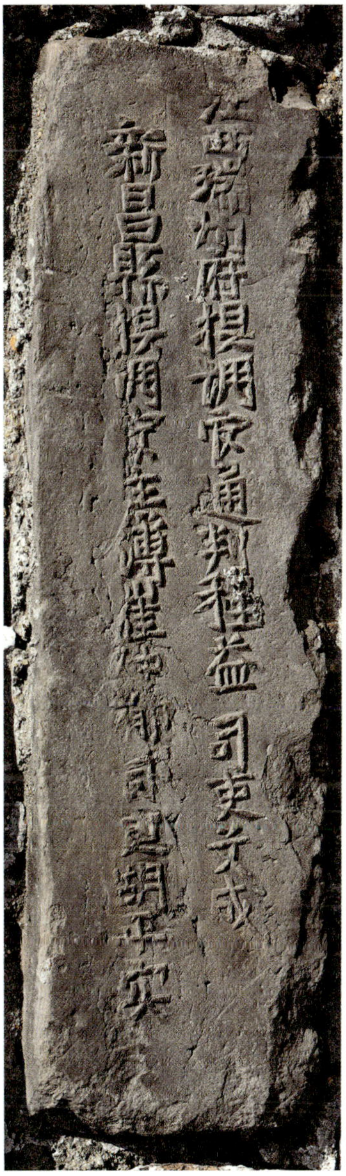

江西瑞州府提调官通判程益司吏艾成
新昌县提调官主簿崔仲郁司吏胡平实

江西瑞州府提调官通判程益司吏艾成
新昌县提调官主簿崔仲郁司吏胡平实

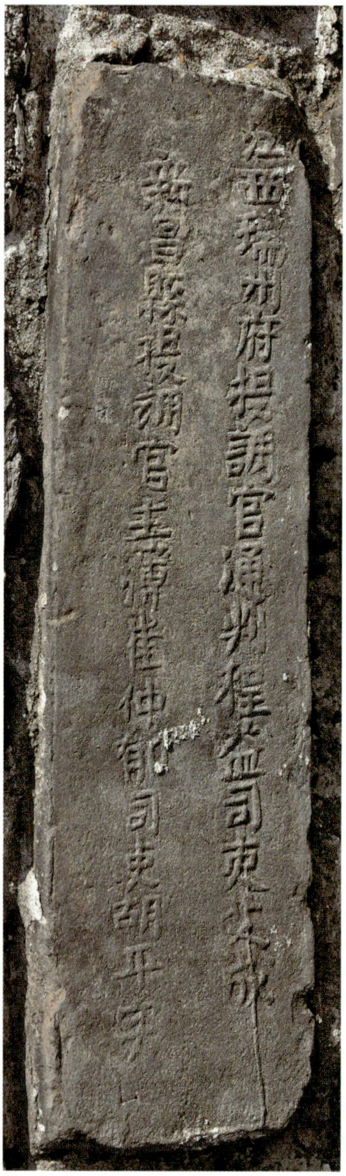

江西瑞州府提调官通判程益司吏艾成
新昌县提调官主簿崔仲郁司吏胡平实

江西瑞州府提调官通判程益司吏艾成
新昌县提调官主簿崔仲郁司吏胡平实

瑞州府提调官通判程益司吏艾诚
上高县提调官县丞吕翊司吏赵用宾

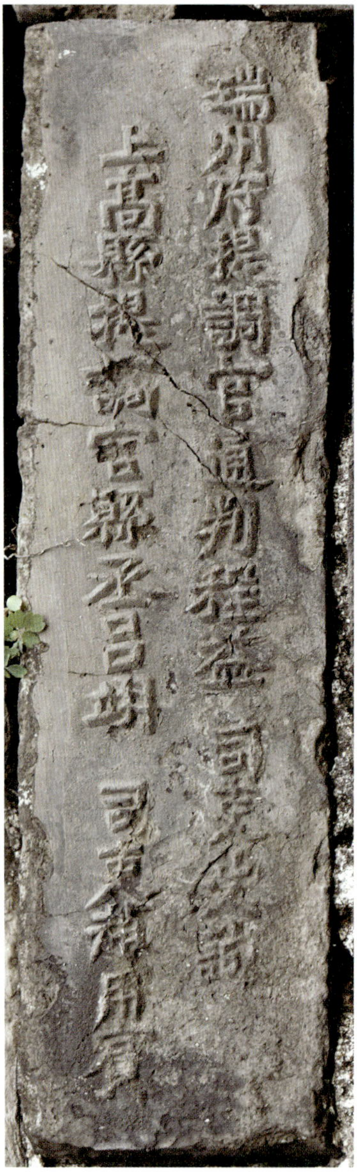

瑞州府提调官通判程益司吏艾诚
上高县提调官县丞吕翊司吏赵用宾

瑞州府提调官通判程益司吏艾诚
上高县提调官县丞吕翊司吏赵用宾

瑞州府提调官通判程益司吏艾诚
上高县提调官县丞吕翊司吏赵用宾

瑞州府提调官通判程益司吏艾诚
上高县提调官县丞吕翊司吏赵用宾

瑞州府提调官通判程益司吏艾诚
上高县提调官县丞吕翊司吏赵用宾

瑞州府提调官通判程益司吏艾诚
上高县提调官县丞吕翊司吏赵用宾

瑞州府提调官通判程益司吏艾诚
上高县提调官县丞吕翊司吏赵用宾

瑞州府提调官通判程益司吏闵勉
上高县提调官县丞吕翊司吏赵用宾

瑞州府提调官通判程益司吏艾诚
上高县提调官县丞吕翊司吏赵用宾

瑞州府提调官通判程益司吏艾诚
上高县提调官县丞吕翊司吏赵用宾

瑞州府提调官通判程益司吏艾诚
上高县提调官县丞吕翊司吏赵用宾

瑞州府提调官通判程益司吏艾诚
上高县提调官县丞吕翊司吏赵用宾

瑞州府提调官通判程益司吏艾诚
上高县提调官县丞吕翊司吏赵用宾

瑞州府提调官通判程益司吏艾诚
上高县提调官县丞吕翊司吏赵用宾

瑞州府提调官通判程益司吏艾诚
上高县提调官县丞吕翊司吏赵用宾

瑞州府提调官通判程益司吏艾诚
高安县提调官主簿王谦司吏雷震

瑞州府提调官通判程益司吏艾诚
高安县提调官主簿王谦司吏雷震

瑞州府提调官通判程益司吏艾诚
高安县提调官主簿王谦司吏雷震

瑞州府提调官通判程益司吏艾诚
高安县提调官主簿王谦司吏雷震

瑞州府提调官通判程益司吏艾诚
高安县提调官主簿王谦司吏雷震

瑞州府提调官通判程益司吏艾诚
高安县提调官主簿王谦司吏雷震

瑞州府提调官通判程益司吏艾诚
高安县提调官主簿王谦司吏雷震

赣州府提调官同知朱敏司吏彭民安
雩都县提调官主簿刘泰司吏陈汶□

赣州府提调官同知朱敏司吏彭民安
龙南县提调官主簿宋光大司吏刘太伯
总甲叶原方甲首刘秀方小甲陈振宗
窑匠□□□造砖人夫□新

赣州府提调官朱敏吏彭民安
宁都县提调官典史郑文允吏陈真
总甲黎□进甲首李德远小甲黎□广
窑匠谢海人夫黎□广

赣州府提调官朱敏吏彭民安
宁都县提调官典史郑文允吏陈真
总甲刘复道甲首小甲谢士英
窑匠袁胜人夫刘放

赣州府提调官同知朱敏司吏彭民安
宁都县提调官知县王敬司吏陈真

赣州府提调官同知朱敏司吏彭民安
信丰县提调官主簿部宽司吏黄桂
总甲刘大原甲首肖子高小甲邓均辅
窑匠姚安三造砖人夫袁祥

赣州府提调官同知朱敏司吏彭民安
赣县提调官司典史张大本司吏聂靖
总甲肖原用甲首李景开小甲史均□
窑匠徐受玉造砖人夫王本益

赣州府提调官同知朱敏司吏彭民安
赣县提调官典史张大本司吏聂靖
总甲肖原用甲首蒋志仁小甲肖惟大
窑匠龙□崇造砖人夫涂仲甫

吉安府委提调官沈宣府吏吴彬
庐陵县提调官县丞章道庸司吏刘学礼

吉安府委提调官沈宣府吏吴彬
庐陵县提调官县丞章道庸司吏刘学礼

吉安府委提调官沈宣府吏吴彬
吉水县提调官李诚司吏陈和

吉安府委提调官沈宣府吏吴彬
永丰县提调官李铭司吏程璟

吉安府委提调官王庸府吏吴彬
龙泉县提调官白敬先司吏李仁

临江府提调官同知张济司吏陈鉴
清江县提调官知县王贞司吏刘显德

临江府提调官照磨李好正司吏宋澂
新淦县提调官知县陈策司吏肖干

临江府提调官照磨李好正司吏宋澂
新喻县提调官知县李公让司吏简澄

九江府提调官知事张懋华司吏杨亨
彭泽县提调官主簿张光泰司吏宗季逵

九江府提调官知事张懋华司吏杨亨
彭泽县提调官主簿张光泰司吏宗季逵

九江府提调官知事张懋华司吏杨亨
湖口县提调官主簿袁士恭司吏徐□□

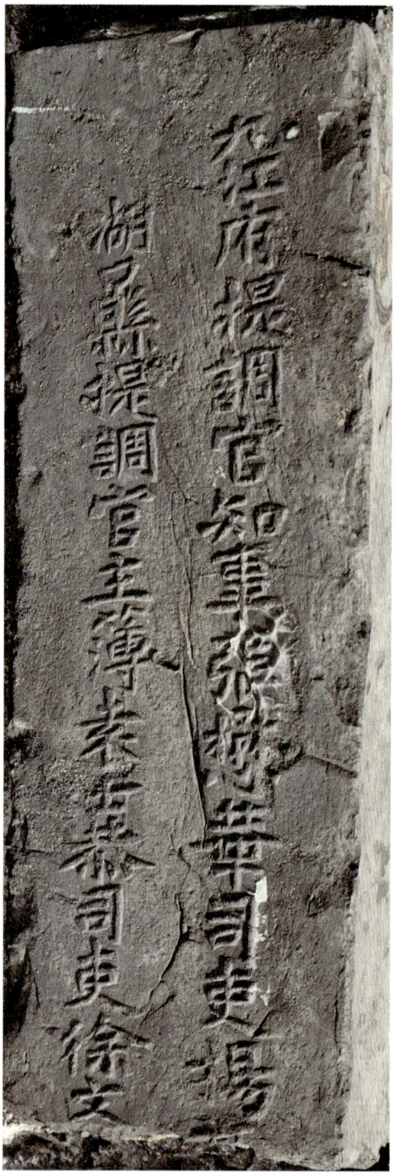

九江府提调官知事张懋华司吏杨□
湖口县提调官主簿袁士恭司吏徐文□

九江府提调官知事张懋华司吏杨亨
瑞昌县提调官县丞于盟司吏但显

九江府提调官知事张懋华司吏杨亨
瑞昌县提调官县丞于盟司吏但显

抚州府提调官照磨冯惟善司吏范伯正
临川县提调官主簿许宗孟司吏黄裳

抚州府提调官照磨冯惟善司吏范伯正
临川县提调官主簿许宗孟司吏黄裳

抚州府提调官照磨冯惟善司吏范伯正
临川县提调官主簿许宗孟司吏黄裳

抚州府提调官照磨冯惟善司吏范伯正
临川县提调官主簿许宗孟司吏黄裳

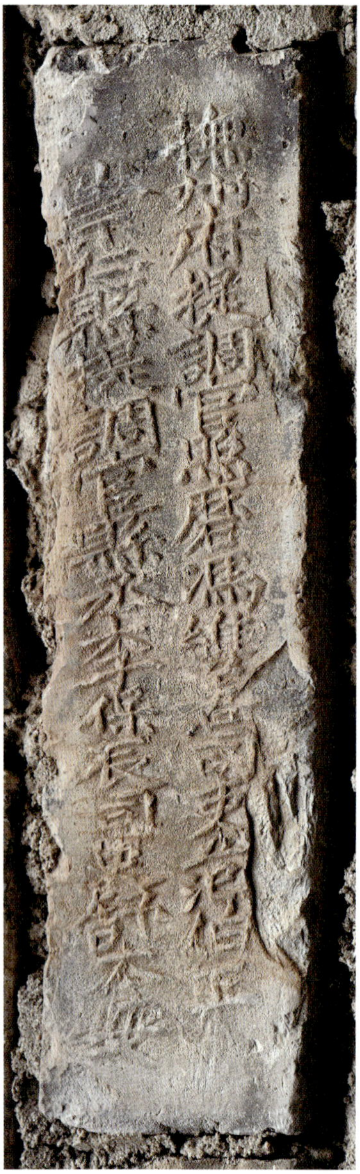

抚州府提调官照磨冯维善司吏范伯正
崇仁县提调官县丞李保辰司吏舒太安

广信府提调官通判邹祐司吏徐政
玉山县提调官县丞王恳司吏周恒

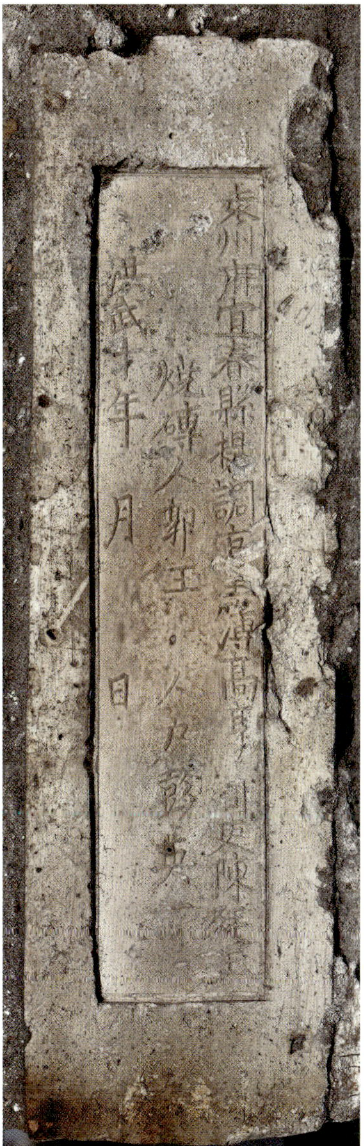

袁州府宜春县提调官主簿高亨司吏陈廷玉

烧砖人郭王人户彭英

洪武十年　月　日

四、湖北省砖

武昌府提调官通判张勖司吏徐用
武昌县县丞杨时敬司吏黄景
作匠袁兴人户张再兴

武昌府提调官通判张勖司吏徐用
武昌县县丞杨时敬司吏黄景
作匠袁兴人户昌贵章

武昌府提调官通判张勖司吏徐用
武昌县提调官县丞杨时敬司吏黄景

武昌府提调官通判张勖司吏徐用
武昌县提调官县丞杨时敬司吏黄景

武昌府武昌县提调官主簿马兴祖
司吏高守一作匠袁兴

武昌府提调官通判张勖司吏徐用
汉阳县丞郭宗器司吏邸忠
作匠徐应隆人户肖英

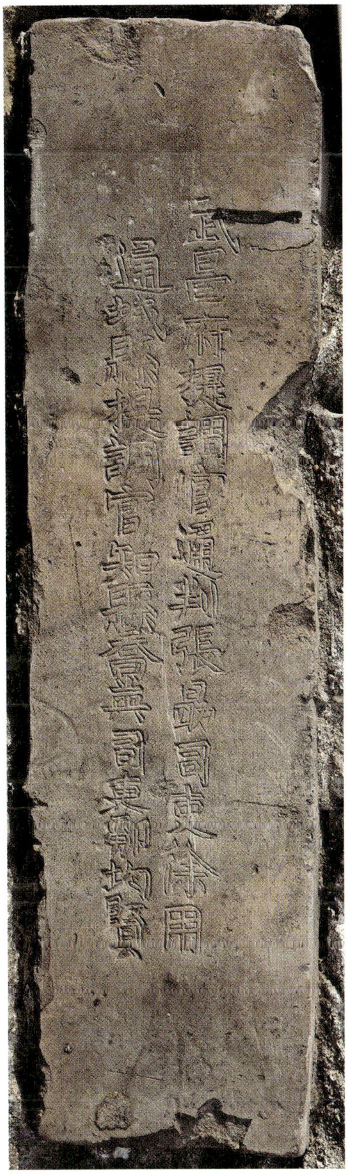

武昌府提调官通判张勖司吏徐用
通城县提调官知县乔英司吏邹均贤

武昌府提调官张勖司吏徐用
兴国州提调官连敏张善庆司吏王仲祥
通山县提调官□□□司吏郑均祥

黄州府提调官曹振祖司吏黄□
蕲州提调官马彝司吏□□
蕲水县提调官夏时中司□□□

黄州府提调官同知曹振祖司吏黄玑
蕲州提调官判官马彝司吏倪琦
蕲水县提调官夏时中司吏谢原

黄州府提调官曹振祖司吏黄玑
蕲州提调官马彝司吏倪琦
广济县提调官韩伯岩司吏张桧

五、湖南省砖

长沙府提调官经历高耀司吏杨□□
浏阳县提调官知县傅理司吏□□□

长沙府提调官经历高耀司吏杨原善
浏阳县提调官知县傅理司吏周仲威

长沙府提调官经历高耀司吏杨原善
湘潭县提调县丞杜守中司吏匡用进

长沙府提调官经历高耀司吏杨原善
醴陵县提调典史王思恭司吏凌德

六、工部砖

工部正中

工部前窑王

工部前窑王

工部前窑王

工部□□□常州府江阴县□

七、军队系统砖

幕府李所置

幕府李所置

幕府李所置

幕府于所造

幕府一号

幕府朱所

幕府朱所

郈所

幕府朱所造

幕府朱所造

淳化张所置

淳化张所置

淳化孙所造

八、纪年砖

洪武四年砖

洪武四年均工夫造

洪武七年砖

淮安府海州提调判官刘子实

司吏徐庸作匠朱亭山

洪武七年　月　日造

九、符号砖

方胜纹砖

“㊉”字符号砖

双钱纹、“工”字纹砖

交叉重环半圆纹砖

重环半圆纹砖

十、总甲砖

总甲阳伯张甲首李克通小甲李安中
窑匠张计三造砖人夫李安中

总甲周伯举甲首周伯常小甲□□
造砖人夫伏山寺窑匠艾华

窑匠黄五人夫福东海
总甲李仁甫小甲黄克绍甲首邵用和

总甲熊性善甲首邹谷佐小甲熊呈生
窑匠周罕三人户胡阿徐

总甲马礼甲首吴均小甲拱成
窑匠聂信四
造砖人夫许德明仕辛三

总甲焦山善贵甲首万寿原福小甲善贵
窑匠盛安七
造砖人夫吴受三顾兴四

总甲焦山善贵甲首万寿原福小甲善贵
窑匠盛安七
造砖人夫戴券二王兴一

总甲焦山善贵甲首万寿原福小甲善贵
窑匠盛安七
造砖人夫戴券二王兴一

总甲胡伯高甲首王伯川小甲陈德民
窑匠谢妹造砖人夫陈伯原

总甲钟有原甲首郭仁端小甲胡渊原
窑匠李尚五
造砖人夫胡以敬

总甲漆志仁甲首况存义小甲任伯通
窑匠李安乙
造砖人夫况伏范

总甲姚大德甲首邹吉夫小甲毛茂兰
窑匠易伏造砖人夫况求太

总甲漆俊则甲首李民占小甲陶胜可
窑匠易伏造砖人夫章先

总甲丁开甫甲首曾京七小甲李□
窑匠余季二造砖人夫黄稆道

总甲徐光辅甲首赵祥轻小甲徐□
窑匠□□七人夫徐光辅

总甲王原亮甲首陈原隆小甲陈原隆
窑匠胡南三造砖人夫陈原隆

总甲张尚佐甲首沂伯用小甲王彦谦
窑匠李惠轸造砖人夫

总甲涂自省甲首万友聪小甲胡右
窑匠罗文
人夫万时中湛德造

总甲丁良甲首包名小甲吴森
窑匠曹德梁寿九坯匠徐荣一
造砖人夫景福三郑良中钱名二包再一

总甲李伯章甲首范志可小甲陈龙四
窑匠胡畐一造砖人夫王善人

总甲高尚正甲首刘宝王小甲王德佑
窑匠黄原造砖人夫王仁敬

总甲袁景伯宁甲首黄添祥小甲邹德文
窑匠甲首黄德匠人戴宣造砖人夫闵伯善

总甲彭升甲首蔡吉甫小甲刘性初
窑匠易伏造砖人夫吴成翁

总甲万伯充甲首王允中
摇（窑）匠万四富小甲谢仁可人夫刘七

总甲陈光祖甲首陈振祖小甲王原祐
窑匠杨云一造砖人夫王原祐

造砖人夫杨直李窑匠袁顺兴
总甲吴德高甲首濮化龙小甲王德广

第四章

项目的应用、意义和影响

2018—2020年持续三年的南京城墙本体砖文信息采集工作，是我国城墙保护史上的一个创举。我们通过专业人士利用现代化的技术装备，在野外对城墙本体上有清晰铭文的城砖进行查找定位、拍照摄像，再经过明城墙专家对采集到的铭文进行辨认释读，以数字化的形式进行存储，由此形成可供查询利用的南京铭文城砖数字化资料库，实现了对南京城墙本体砖文信息的抢救性保护与永久性保存。这种借助数字化技术手段保护文物的尝试，为科学保护南京城墙、深入研究南京城墙及创新利用南京城墙，进一步了夯实基础。同时，对国内其他类似遗址的保护与利用有着重要的借鉴意义。

在采集与保护过程中，一系列的新发现，对于推进南京城墙和南京历史文化研究向纵深发展，丰富南京城墙保护管理中心的馆藏品种和数量，提升南京城墙博物馆的数字化展览质量和品位，创造了良好的条件。历史文化遗产不仅生动诉说着过去，也深刻影响着当下和未来。

第一节　项目的应用

为配合南京城墙本体砖文信息采集工作的开展，更好地实现对铭文城砖信息的管理、研究与利用，2018年，南京城墙保护管理中心与软件制作公司联合研发了“南京城墙城砖铭文数据库系统”。该系统在全国第一次可移动文物普查各项指标的基础上，针对南京明城砖的特点，增添了铭文内容、铭文字体、烧造单位、所属段落、坐标定位等特色指标，以全方位记录城砖信息，并按照标准数据规范，将文物信息、文物相关管理信息进行统一整合，通过数据库管理运行体系，为广大研究者提供数据服务。

“南京城墙城砖铭文数据库系统”的建设是一个长期积累的过程，不可能一蹴而就，也不可能一劳永逸，需要长期坚持不懈地积累和完善。随着采集城砖数量的增加，数据库包含的信息日趋丰富。同时，随着数据库的使用，其功能设计亦逐渐完善。目前，数据库的主要功能包括如下：

1.全文检索：不仅可以对城砖的名称、时代、质地等预设字段进行检索，还可以对砖文包含的烧造单位、责任人等具体内容进行检索，以便充分利用砖文信息。

2.高级检索：可以执行and检索、or检索以及not检索，多条件的高级检索可以减少研究工作受到的限制，大大提升工作效率。

3.数据交换：为提升工作效能，节约人力、物力，通过数据交换功能，可直接将大规模文物信息数据直接导入到南京城墙铭文数据库里，无需在数据库系统中进行重复录入。

4.支持排序、统计、图表、打印等其他基础性功能。

图4-1　“南京城墙城砖铭文数据库系统”登录页面截图

图4-2　“南京城墙城砖铭文数据库系统”城砖信息录入页面截图

第二节　项目的意义

“南京城墙本体砖文信息采集”项目历时三年，分三期完成了南京城墙现存约25千米本体清晰铭文城砖信息的采集工作，获取了17万余块铭文城砖的高清照片与坐标定位。2020年11月25日，项目结项会议在解放门召开，会议特邀南京大学博士生导师夏维中教授、南京中国近代史遗址博物馆（总统府）刘刚研究员、南京市海上丝绸之路遗产研究中心顾苏宁主任作为评审专家。与会专家对该项目给予高度评价，一致认为项目意义重大，成果丰硕，为南京城墙的保护研究、展示利用奠定了坚实的基础，对其他城墙遗址的保护提供了重要的借鉴，对南京城墙博物馆新馆建设及“中国明清城墙”联合申遗具有重要的推动作用。

一、为城墙基础研究和本体保护提供了第一手资料

南京城墙砖文包含的历史信息十分丰富，是研究元末明初社会政治、经济、文化的重要资料。“南京城墙本体砖文信息采集”项目首次对南京城墙本体上的砖文信息进行大规模采集，不仅实现了对南京城墙本体砖文信息的抢救性保护，真实完整地保存了南京城墙砖文的历史信息，而且为南京城墙研究、元末明初历史研究、中国史研究，以及城墙本体保护积累了大量的第一手资料。

二、为博物馆数字化展陈提供了重要素材

砖文采集成果不仅可为南京城墙博物馆的数字化展览陈列提供重要素材，而且为该馆将来跻身一级馆行列打下了重要的基础。采集获取的城砖图像及坐标信息，将通过数字化的方式应用于未来南京城墙博物馆的展览展示中，让采集城砖位置可见、信息可查，使观众在馆内便能感受南京城墙砖文的魅力与风采。

三、助力“中国明清城墙”联合“申遗”

历时三年的“南京城墙本体砖文信息采集”项目，对铭文城砖进行了数字化采集和数据库建设等工作，实现了城墙城砖的精细化管理，完整精确地记录了每块铭文砖的空间位置、铭文内容、烧制产地等信息，保留了遗产的真实性与完整性。在此基础上，探索以南京城墙为代表的城墙遗产精细化管理的可行路径，在同类型遗产保护理念与实际工作方面积累经验，对“中国明清城墙”联合申遗起到积极的推动作用。

第三节 项目的影响

“南京城墙本体砖文信息采集”项目自启动以来，就受到了社会各界的广泛关注与好评。新华社，中国国际广播电台，央视二套、四套、十三套，以及江苏省电台、南京广播电视台等十多家新闻媒体纷纷报道，《南京日报》《金陵晚报》整版介绍，相关网络媒体如紫金山客户端等也纷纷报道，提升了南京城墙的国际知名度和美誉度。此外，南京城墙多部纪录片的拍摄，均将该项目作为城墙数字化保护的重要工作案例加以系统介绍。

一、国际报道

2018年11月，“南京城墙本体砖文信息采集”项目负责人朱明娥研究员应中国国际广播电台东南亚地区传播中心的邀请，在南京城墙台城景区接受记者采访，向海内外观众介绍改革开放四十年来，南京城墙在保护、修缮、利用、管理等方面取得的突出成绩，尤其是在“南京城墙本体砖文信息采集”项目中所做出的创新举措。该采访视频在国际网络电台进行播放和推送，为宣传南京城墙文化，扩大南京城墙在全球特别是在东南亚地区的知名度与影响力，起到积极的促进作用。

二、国内报道

从中央到江苏和南京，国内各电台和电视台的报道如下：

①CCTV新闻直播间：江苏南京 南京城墙铭文砖将有“电子身份证”（2018年）

http://app.cctv.com/special/cbox/detail/index.html?guid=fc25927d59cc459ab2f9a16eea4373fa&mid=(null)&vsid=C10616&from=timeline&isappinstalled=0#0

图4-3　项目负责人接受海外媒体采访

图4-4　项目负责人接受国内记者采访

②新华社：南京要为上亿块城墙砖建电子档案（2018年）

https://baijiahao.baidu.com/s?id=1613946466995515567&wfr=spider&for=pc&from=timeline

③爱奇艺：南京城墙铭文砖将有“电子身份证”（2018年）

https://www.iqiyi.com/v_19rr60zgzc.html

④荔枝网：南京城墙铭文砖将有“电子身份证” 城砖铭文“解密”城墙历史 遭风化破坏亟待保护（2018年）

http://v.jstv.com/a/20181014/1539518498448.shtml

⑤南京广播电视台：建模定位 无人机航拍 南京启动城墙本体砖文信息采集工程（2018年）

http://www.nbs.cn/tv/5/2/201810/t20181015_435856.html

⑥梨视频：明城墙砖录“电子身份证”，游客叫好（2018年）

https://www.pearvideo.com/video_1456360?st=1&from=timeline&isappinstalled=0

⑦央视新闻客户端：3年时间、17万块城砖信息！南京成功建立城砖“数字档案”（2020年）

https://baijiahao.baidu.com/s?id=1684777697419278365&wfr=spider&for=pc

⑧江苏公共新闻：耗时3年采集17万块 南京城砖铭文“数字档案库”建好了（2020年）

https://baijiahao.baidu.com/s?id=1684614164311042751&wfr=spider&for=pc

三、报纸和网络媒体的报道

相关报纸和网络媒体的报道如下：

①南京日报：南京城墙建模定位，无人机航拍“铭文照”（2018年）

http://m.zijinshan.org/news/6307443972958743922?from=timeline&isappinstalled=0

② 紫金山新闻：上亿块城墙砖文要数字化！3年后在南京城墙博物馆见！（2018年）

http://m.zijinshan.org/news/630719898802381665?from=timeline&isappinstalled=0

③中国江苏网：南京启动城墙本体砖文信息采集工程（2018年）

https://baijiahao.baidu.com/s?id=1613727516537665450&wfr=spider&for=pc

④腾讯网：南京采集城墙本体砖文信息，用无人机航拍“铭文照”（2018年）

https://xw.qq.com/cmsid/20181008A0ZRHU/20181008A0ZRHU00

⑤南报网：数亿块城墙砖文要数字化　3年后在南京城墙博物馆见（2018年）

http://www.njdaily.cn/2018/1013/1729965.shtml

⑥大众网：数亿块城墙砖文要数字化（2018年）

http://www.dzwww.com/xinwen/shehuixinwen/201810/t20181013_17940319.html

⑦腾讯网：南京城墙铭文砖将有“电子身份证”啦！（2018年）

https://new.qq.com/omn/20181014/20181014A15K4H.html?pc

⑧果子财经：安排上了！南京城墙铭文砖将有“电子身份证”（2018年）

http://www.gz11.com/domestic/125849.html

⑨南京城墙官方微信：我们要为城砖建电子档案了，大概也就上亿块吧（2018年）

https://mp.weixin.qq.com/s/fMSL5y8NL6dIIhwYAkz_VA

⑩国际在线：高科技助力南京明城墙铭文保护（2018年）

https://baijiahao.baidu.com/s?id=1617746549147213598&wfr=spider&for=pc

⑪《南京日报》：4万余块城墙本体铭文砖完成信息采集（2019年）

⑫南京城墙官方微信：城砖采集新发现：这些城砖有点意思（2019年）

https://mp.weixin.qq.com/s/Y4r3Hn-dLkU9O1-TmhfWHQ

⑬《金陵晚报》：3年　25公里　17万块城砖　南京城砖铭文有了数字档案库（2020年）

⑭《扬子晚报》：南京城墙砖“信息档案”入库，新发现一批“个性铭

文”（2020年）

⑮《南京晨报》：耗时3年！25公里南京城墙17万块铭文城砖信息有了永久“数字档案库”（2020年）

https://baijiahao.baidu.com/s?id=1685930739666058557&wfr=spider&for=pc

⑯南京城墙官方微信：南京城墙本体砖文信息采集项目（三期）结项（2020年）

https://mp.weixin.qq.com/s/CqA0gVNp8C7Mj62vsBRWFw

⑰《扬子晚报》：“南京城墙砖文信息采集项目”荣获北京测绘科技进步一等奖（2022年）

https://baijiahao.baidu.com/s?id=1746994129685420940&wfr=spider&for=pc

四、纪录片

2019年3月，“南京城墙本体砖文信息采集”项目负责人朱明娥研究员应《中华门》纪录片摄制组的邀请参与相关拍摄工作，着重介绍了2018年“南京城墙本体砖文信息采集”项目的成果与意义。同时，采集项目组人员在现场对清晰铭文城砖进行了GPS定位与高清照片拍摄，并用无人机对城墙砖文进行实景拍摄。在全体人员的密切配合下，拍摄工作顺利完成。

2020年5月，由南京广播电视台拍摄的人文纪录片《城墙》在CCTV-10（央视科教频道）播出，纪录片共有《城市》《砖铭》《家国》三集，第二集《砖铭》介绍了南京城墙铭文，其中有些铭文砖就是本项目的采集成果。

图4–5　《中华门》纪录片拍摄现场

五、学术交流和论文

1.学术研讨会

2019年11月，由中国文物报社、中国博物馆协会登记著录专业委员会、常州市文化广电和旅游局、江苏省博物学会藏品保管专业委员会共同主办，常州博物馆承办的“2019智慧博物馆论坛”在常州举行。来自全国70多家文博单位和科技企业的150余位代表参加了本次论坛，其中遴选出8家文博单位代表作主题发言。

图4-6 2019智慧博物馆论坛现场

“南京城墙本体砖文信息采集”项目负责人朱明娥研究员应邀参加并作主题发言，全面介绍了“南京城墙本体砖文信息采集”项目的实施背景、方法手段、目的意义与社会影响。此次发言取得良好效果，与会专家对该项目给予高度评价，认为其不仅是借助数字化技术手段保护文物的成功尝试，更是促进文物“活”起来的优秀案例，对其他遗址的保护与利用有着重要的借鉴作用。

图4–7　项目负责人作主题发言

图4-8　藏品保管部朱主任向国信司南（北京）地理信息技术有限公司赠送锦旗与荣誉证书

图4-9　“南京城墙本体砖文信息采集”项目（三期）结项评审会议专家合影

2.学术论文

经过三年采集经验的摸索与总结，“南京城墙本体砖文信息采集”项目已形成了一套成熟完备的技术体系。2020年，孙运豪、朱明娥等人撰写的《南京城墙铭文砖数字化采集与保护方法研究》一文发表在中国科技核心期刊《地理信息世界》上，得到了业界的高度认可。

2021年，朱明娥又在《南京学研究》（第三辑）上发表《南京城墙本体砖文信息采集与保护研究》一文，同时该文还荣获2022年江苏省文博优秀论文二等奖。

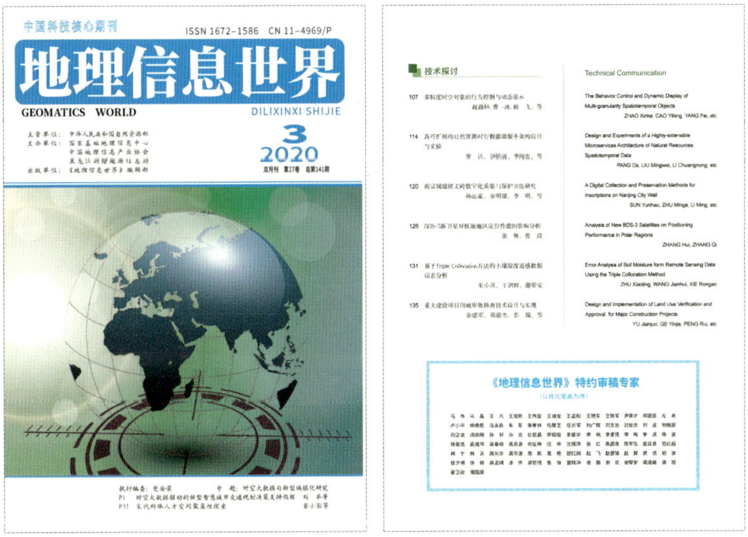

图4-10　在《地理信息世界》发表学术论文

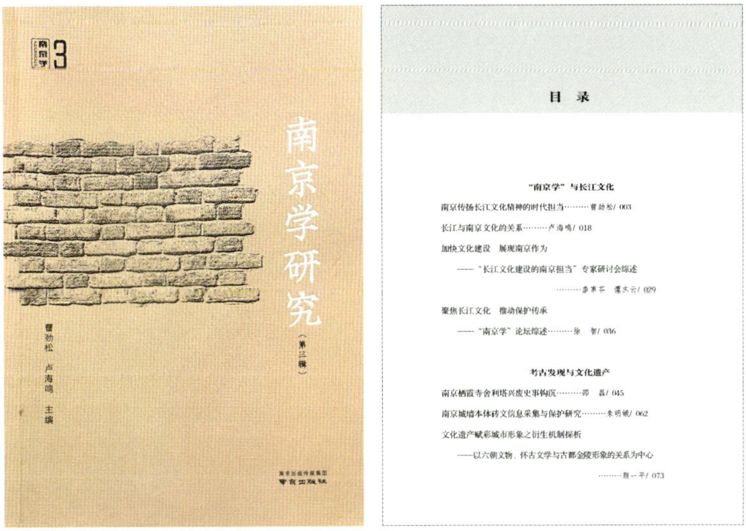

图4-11　在《南京学研究》发表学术论文

六、获得奖项

2022年度“北京测绘协会测绘科技进步奖”评选结果发布，由南京城墙保护管理中心等单位联合申报的《南京城墙砖文信息获取关键技术研究及应用》项目，喜获2022年北京测绘科技进步一等奖。

图4-12　2022年荣获北京测绘科技进步一等奖

总之，“南京城墙本体砖文信息采集”项目在探索南京城墙遗产精细化保护和管理方面迈出了具有创新性的一步，对于推动南京城墙博物馆的建设和发展，创新同类型遗产保护理念，积累以数字化技术手段保护遗产的实际工作经验，助力“中国明清城墙”联合申报世界文化遗产，都具有非同寻常的意义。

后 记

南京城墙是公元14世纪中叶由明太祖朱元璋亲自设计并监督施工，举全国之力建造而成的一座旷世城垣，从内至外由宫城、皇城、京城、外郭四重城垣组成，规模庞大，气势恢宏，堪称中国筑城史上的巅峰之作。南京城墙的主体由砖石构成，其中最大宗的建材就是城砖，据初步估算，全城约用城砖数亿块。这些城砖不仅质量优异，规格基本一致，而且约90%以上的城砖都带有砖文，形成南京城墙别具一格的文化特色。

南京城墙砖文是“物勒工名”制度的集中体现，当时的朝廷为了确保城砖的质量，下令所有烧造单位将城砖产地信息，督造官吏的职务、姓名，以及基层造砖人员的身份和姓名信息全都记录于城砖之上以便查验。因此，通过对砖文信息的梳理，我们不仅可以获取城砖烧造产地、时间、责任人等直观信息，还可深入研究当时的政治体制和赋役制度、农村基层组织发展演变、移民与姓氏文化、文字发展与民间书法等诸多内容。可以说，南京城墙砖文作为珍贵历史资料，是解密城墙历史的“原生数据库”，它是南京乃至中华民族珍贵的文化宝藏。然而，受自然风雨侵蚀与人为因素干扰，曲折蜿蜒的南京城墙上现存的砖文逐渐风化、消失，亟待采集与保护。

早在2000年初，南京城墙研究人员就曾计划有朝一日能对城墙本体上的清晰砖文进行全面系统地拍照保存，这样既可永久留存珍贵的城砖信息，也可为今后南京城墙的研究提供完整的第一手资料。但是，现存南京城墙即京城城墙仍保留原始长度的三分之二以上，有待采集的城墙体量大、段落长，而且城墙高度达14—26米，采集难度极大，必须应用现代科技手段才能实现目标。

2018年初，我们获悉国信司南（北京）地理信息技术有限公司对历史文化遗产信息采集、保护工作有着丰富的实践经验，曾负责平遥古城、鼓浪屿、良渚文化遗址等世界文化遗产的监测预警平台研发。于是，我们立即启动“南京城墙本体砖文信息采集”项目的申报工作，得到南京城墙保护管理中心领导的支持并获得立项，该项目确定由朱明娥研究员主持。随后，我们与国信司南（北京）地理信息技术有限公司签订合作协议，由该公司负责南京城墙本体砖文信息采集。该项目从2018年中旬启动至2020年底结束，历时三年，完成了对南京城墙本体上清晰铭文城砖的测量定位、拍照摄像和铭文释读工作，形成可供查询利用的城砖铭文数字化资料库。采集到的17万余块铭文城砖的高清照片与坐标定位，真实完整地保存了南京城墙砖文的历史信息，为今后南京城墙的保护、研究、申遗打下了坚实的基础。2022年，该项目荣获北京测绘科技进步一等奖。

在此，我们要感谢南京市文化和旅游局副局长郑孝清，南京城墙保护管理中心刘东华、严文英、马麟等领导对本项目的大力支持；感谢国信司南（北京）地理信息技术有限公司孙运豪、董军辉等技术人员的认真敬业；感谢南京出版社社长卢海鸣、执行总编辑徐智的鼎力帮助和美术编辑赵海玥的细心负责；感谢南京城墙研究会的关心；感谢参与此项目工作的所有人员的精诚合作。

本书是对南京城墙本体砖文采集信息的阶段性研究成果。限于本书篇幅，我们不得不忍痛割爱，仅从采集的17万幅照片中挑选了200余幅。希望本书的出版能够为全国其他城市城墙的保护提供借鉴，也希望能为“中国明清城墙”联合申遗加油助力。